実録！
不動産投資
素人は 今は 手を出すな！

与信と目利きで挑戦!!
10年で40億⇒50億に
無事生還した男の物語

資産⇒負産になる前に

桜木 道順

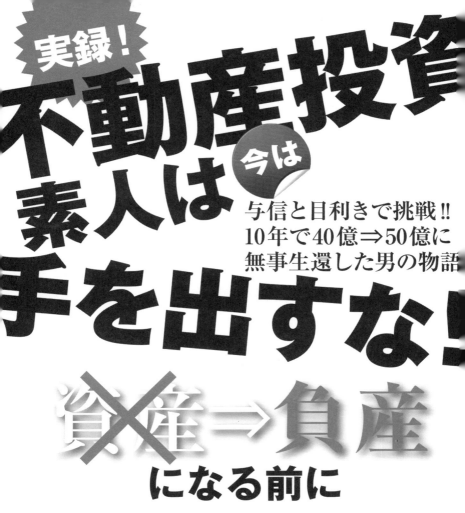

投資は
スリルを味わうためのものではない。
多額の借金を背負うのは
あなただ。

はじめに

『実録！ 不動産投資』を手に取っていただきまして、誠にありがとうございます。本書は、不動産投資を「今から始めよう」、あるいは「もう始めている」という一般投資家のために、〝きれいごと〟かもしれませんが、「ババを引かないための一助になれば」との思いで、これまでに私が体験してきた不動産投資における「おもしろさ」「怖さ」「出口戦略」などを書きつづっています。

私が初めて不動産業界に入ったのは、1972(昭和47)年のことです。この年は、記憶に残る様々なできごとがありました。1月には、グアム島で横井庄一元日本兵が発見、救出され、2月には、札幌オリンピックが開催されました。同月に発生した浅間山荘事件には、日本中の注目が集まりました。

9月には、日中国交正常化が実現し、パンダのランランとカンカンが子どもたちにプレゼントされました。

また、政治面では、日本列島改造論を掲げた田中角栄内閣が誕生。内需拡大策に大きな期待がかけられます。しかし、翌年10月に勃発した第四次中東戦争により、世界中を巻き込んだ「第一次オイルショック」が引き起こされます。これを引き金にして、日本国内は狂乱物価の嵐が吹き荒れ、まさに「激動」と言える時代だったと思います。

その後、いったん不動産業界から離れたものの、1984年に不動産会社に就職。バブル景気とその崩壊を目の当たりにしました。

そして、1993年、関東の、とある県で不動産会社を設立。小規模ではありましたが経営者となりました。それから引退する2014年までの22年間、不動産投資で大けがをすることもなく、金融機関からの信用を得て、地域では中堅どころの不動産会社として成長させてきました。

特に、2005年から引退までの10年間には、当時、周辺地域でも本格的には商品化されていなかった「収益不動産」を企画・販売します。

古いアパートやさまざまな事情を抱えたマンションなどに加えて、自分でプランを立てた新築物件などを手掛けてきました。この間、サブプライムローン問題やリーマンショック、そして東日本大震災などの危機が訪れますが、金融機関からの借り入れだけで調達した40億円の資金を計39棟の物件に投資し、最後には、50億円で売り抜けることができました。無事にソフトランディングに成功したのです。

このような経験から、私は、「物件を見る目」や新築、リフォームの際の「企画力」、さらには、業界の動向を読み取る「分析力」などを養うことができた、と思っています。

不動産投資は、車の運転と同様に、「こうなるだろう運転」は危険です。たとえば、あなたが運転をしているとき、「前の車はそのまま直進するだろうから、自分はスピードを落とさなくても大丈夫」とか、「ふだんから車が少ない交差点だから、このまま直進しても問題ない」などと勝手に思い込んで注意を怠ったとすれば、交通事故の危険性を高めることは、誰にでもわかることでしょう。

これは、不動産投資にも当てはまることです。私の周りには、「こんなはずではなかったのに」と言いながら、投資で大けがをして、人生を狂わされた人が数多くいます。もちろん私自身も、何度冷や汗をかいたかわかりません。不動産投資に失敗してしまった場合の金額は、一般の人にとって年収の何倍にもなり、簡単に片がつく金額ではないはずです。それによって人生が左右される場合も多々あるのです。

一方で、「少しでも豊かな人生を送りたい」という願望は、誰にでもあるでしょう。その思いは大いに結構なことです。しかし、不動産投資には、挑戦して初めてわかるようなことや、想像のできないことが起きる可能性が隠されています。決して安易な不労所得などではないのです。

ですから、投資をスタートする前の人には、「本当に気をつけて取り組んで欲しい」ということ、また、すでにスタートしている人の中で、「こんなはずではなかった」という状態にある人には、「正しい出口戦略をもって、難題を切り抜けてもらいたい」と願っております。

将来への不安が大きい、今の日本社会において、収益を得る手段としての不動産投資は、堅実というよりは、「ミドルリスク&ローリターン」だと言えるのではないでしょうか。

しかし、投資する金額が大きいのが特徴です。その意味では、知識や経験、情報などが不足している一般の人が手を出す場合には、危険が背中合わせであることを決して忘れないでください。

不動産投資を始めると、年収の何倍もの借金をすることになります。将来を豊かに過ごすための投資で、人生を台無しにしないように、私の体験が、少しでも参考になれば幸いです。

2016年 桜木道順

第四章　投資環境激変の中で …… 69

第五章　実例　収益不動産のさまざま

第一章

激動！　時代の流れの中で

まさに恐怖支配の不動産会社に入社

この話は、２００５年から２０１４年までの10年間に、サブプライムローン問題やリーマンショック、東日本大震災などが起こる激動の中、従来とは大きく考え方を変えた独自の「**護送船団方式**」で、収益不動産投資に果敢に挑戦し、金融機関の**与信だけで調達した40億円**の借入資金で、39棟の物件を手掛け、**50億円で売り抜けた**、不動産投資の事実をもとにして書きつづった実録である。

＊＊＊＊＊＊＊＊＊＊＊＊＊＊＊＊＊＊

私の名前は、仮に桜木道順としておこう。桜木は、大学在席中の20歳のとき、関西の不動産業界に身を置き、その後、関東で不動産バブルを経験したあと、自己資金が少ない中で立ち上げた小さな不動産会社を１９９３年から22年間経営し、無事に投資のソフトランディングに成功した経営者である。

桜木が最初に不動産業界に勤めたのは、当時の田中角栄通産相（のちに首相）が唱えた「日本列島改造論」が世間を騒がしている1972年の春のことである。この頃は、「あの地域には、近いうちに新幹線が通る予定があるので、土地代が何倍にも跳ね上がる」とか、「あの場所に駅ができるらしい」といったうわさの域を出ない話がまかり通っていた。

桜木が勤めたのは、大阪の淀川沿いにある、社名だけは立派な50人規模の不動産会社である。その会社では、近隣県の山肌を二束三文で仕入れ、そこを削ってならしただけの造成地を何倍もの高値で分譲販売していた。契約が成立したときに社員に支払われる報酬は、とても高額だった。

社の雰囲気は、まさに恐怖支配である。毎朝、日本刀を持った営業部長が全社員の前に立ち、営業マンたちに号令をかける。そして、社訓を叫ぶように唱和させるのだ。

新人営業マンの最初の仕事は、自社が売り出した造成地を顧客に見学してもらうための「現地案内申込書」にサインをもらうことだった。

毎日、仲間たちとマイクロバスに乗り移動。車中では、社歌になっていた「甲斐の武田節」を歌わされる。ここでも大声を出さなければ活を入れられる。そうして近隣の町に降りると、片っ端から飛び込み営業をする、そんな日々を桜木は送っていたのだ。

この仕事は、新人営業マンにとって、とても苛酷である。というのも、現地案内申込書にサインをもらわないと、怖くて会社へ帰れないのだ。バスを降りるときには、所持金全額を強制的に運転手に預けさせられる。そのため営業の途中、喫茶店で休憩することもできない。ただひたすら紙切れのために飛び込み営業を繰り返す。そして、1枚でもサインをもらって帰ると全社員の前でほめられ、逆に手ぶらで帰ると皆の前で活を入れられるという日々だった。

また、実際に客を現地に案内すると、そこには契約担当のベテラン社員が待ち構えている。彼らは強面で押しの強いタイプが多く、契約するまで何時間も客を帰さないという強引な商法を行っていた。そのため、新人営業マンも徐々に影響を受けていくのである。

詐欺まがいの商法に嫌気を感じて退社

桜木は、その会社に身を置くまで、新聞配達をしながら奨学金を受け、大学では建築を学ぶという、ごく普通の学生であった。いや、苦学生と呼ぶのが適当だったかもしれない。しかし、最初に受け取った報酬があまりにも高額だったためか、人生が大きく変わってしまう。すぐに大学を中退し、その会社の商売が詐欺まがいであることをわかっていながらも、営業に没頭するようになっていったのだ。

1年も過ぎると、桜木は契約担当の営業マンになっていた。たいした罪悪感も持たずに、「本当に値上がりするのか」を疑うこともなくなっていた。そして、おもしろいように飛びついてくる客を相手に、ただ営業報酬を得るためだけに造成地を売り続けていたのだ。

収入は一気に10倍以上に跳ね上がり、20歳そこその若造が手にできるような金額ではなくなっていた。

金銭感覚も麻痺してきたようだった。大阪・北新地の高級クラブや料理店に足を運ぶようになり、毎日のように飲み歩いた。さらに、月に1度は、新幹線に乗って東京へ行き、銀座のクラブでも散財した。汚く稼いだ金をまるで洗い流すかのようだった。桜木は、自分自身でも「わけがわからなくなっている」と感じ始めていた。

しかし、多少の罪悪感は残っていたのかもしれない。契約担当を続けるうちに、詐欺まがいの商法を自分が実践していることに嫌気を感じるようになってきたのだ。

「大学をやめてまで会社に入ったのに、これでいいのか?」

「自分が本当にしたい仕事は何だ?」

桜木は日々、自問自答するようになっていった。そんな中、1973年後半には、第一次オイルショックが起こる。桜木はこれを契機に、半年後には不動産業界から足を洗うことにした。

バブルを教訓に独立
地道な経営を目指す

次に桜木がこの業界に戻って来るのは、10年後の1984年のことだった。この頃は、バブル景気の匂いが世の中に充満し始めていた。

桜木は、不動産会社数社の面接を受け、今度は真っ当な会社を選んで就職した。その後、景気は急加速し、株価も急上昇する。入社2年も経過した頃には、人も会社も銀行も、さらには、社会全体が、地に足が着いていないような状態になっていった。「不動産は？」というと、日本中が右肩上がりを信じており、多くの人が買った時点で儲かった気分に浸っていた。実際、桜木の客の中には、3000万円で買った住宅を、半年後には5000万円で売却することができ、それを頭金にしてより高額な住宅を探しにきた人もいた。人々が不動産バブルとは気づかずに踊っているようだった。

桜木自身も、会社の接待・交際費を使って、「昼は高級料亭で豪華な食事、夜はキャバクラや高級クラブで飲み歩き」といった生活を送っており、まさに、バブルを謳歌していた。さらには、社会全体の好景気にも支えられ、業界全体が人材を求めるようになったこともあり、より待遇のいい不動産会社やハウスメーカー、地元のゼネコンなどを複数社渡り歩き、不動産や建築の実務経験を積み上げていった。

しかし、あっけなくバブルは崩壊。そのとき勤めていたゼネコンの経営が立ち行かなくなったこともあり、退職することになる。

これをきっかけに、桜木は、自身の新たなチャレンジのつもりで、東京近県で小さな不動産建築会社の経営者になった。桜木が業界に戻った9年後、1993年6月のことである。

この時期は、バブル崩壊の影響は収束しており、地価も比較的安定していた。経営者となった桜木は、バブルを教訓とすることを肝に銘じた。そして、「また、何年かあとには、不動産バブルが繰り返されるかもしれない」と考え、派手なビジネス展開をするよりも、むしろ地道な仕事を選ぶことにした。会社の業績を積み上げることに重きを置き、金融機関の与信を向上させることに努めるつもりであった。それは、たとえ魅力ある物件が自社に回ってきたとしても、すぐに資金を調達できなくては、「指をくわえて見ているしかない」というのが不動産取引だからだ。

今後の不動産販売に疑問を抱き多角経営を目指す

経営者となって10年が過ぎた２００３年頃、会社は、住宅建売業者としては、地域の中堅不動産会社に数えられるほどに成長しており、桜木は、慌ただしい日々を過ごしていた。会社に大きな資産こそ残してはいなかったが、10年もの間、黒字決算を続け、金融機関からの借入れもきちんと約定を守って返済してきたことで、業績と信用を共に積み上げていた。各金融機関は、こぞって事業資金を貸したがり、連日のように桜木の会社を訪れていた。

この時期の桜木は、業績を伸ばして会社を拡大することにはあまり興味がなく、むしろ、自分が企画した不動産商品が、狙いどおりに市場に受け入れられることに喜びを感じていた。

そんなある日、何気なく観ていたテレビの報道番組で、「日本には720万戸の空き家がある」ことを伝えていた。それを観た瞬間、桜木の脳裏には、「俺は、もう必要がなくなった建物を供給しているのか？」と、新築住宅の販売に対して小さな疑問が生じた。

しかし、会社は少し大きくなり、社員も雇っている。商いを止めることはできない。また、安易に赤字決算にしてしまうと、これまでに築いてきた金融機関からの信用を一気に失ってしまうかもしれない。そこで桜木は、「健全経営が続いているうちに」と、多角経営を考えるようになった。そして実行に移したのがエステサロンの経営だった。

この事業は、桜木が若い頃、母親がエステサロンを手掛けていたことが影響していた。そして、主要駅から徒歩4分にある小さな商業用地に3階建てのビルを建設し、すべてのフロアを使用した本格的なエステ館を開業した。

慎重に準備をしてスタートしたつもりであったが、しょせんは素人経営だった。最初からうまく行くはずもなく、1年後には赤字が2000万円を越してしまい、本業の不動産販売まで危うく赤字になるところだった。

そこで、この事業に見切りをつけ、赤字をビルの売却で補うことを考えた。実は、事業が失敗した場合を想定し、各階の設備を分離し、あらかじめテナントビルとしても運用できる仕様にしていたのだ。

ほとんど手を入れずにテナントビルに生まれ変わったビルは、立地がよかったこともあり、2カ月で満室となった。運用益（賃料収入）を得ることができる「利回り物件（収益不動産）」となったのだ。そして1年後には、売却することでエステ事業の赤字を取り戻し、なおかつ、利益を出すことができた。

桜木は、心底ホッとしたのと同時に、**利回り物件の大きな魅力**を感じ始めていた。そして、この経験が、その後の収益不動産事業の展開に、大きく役に立つことになる。

急増する空き家

総務省統計局「平成25年度住宅・土地統計調査」によると、２０１３（平成25）年10月1日現在、全国の空き家数は８２０万戸で、5年前に比べて63万戸（8・3％）増加した。空き家率（総住宅数に占める割合）は、13・5％と、２００８（平成20）年に比べ０・４ポイント上昇。空き家数、空き家率共に過去最高となった。そのうち、別荘等の二次的住宅数は41万戸で、これを除くと空き家率は12・8％となる。

空き家数及び空き家率の推移

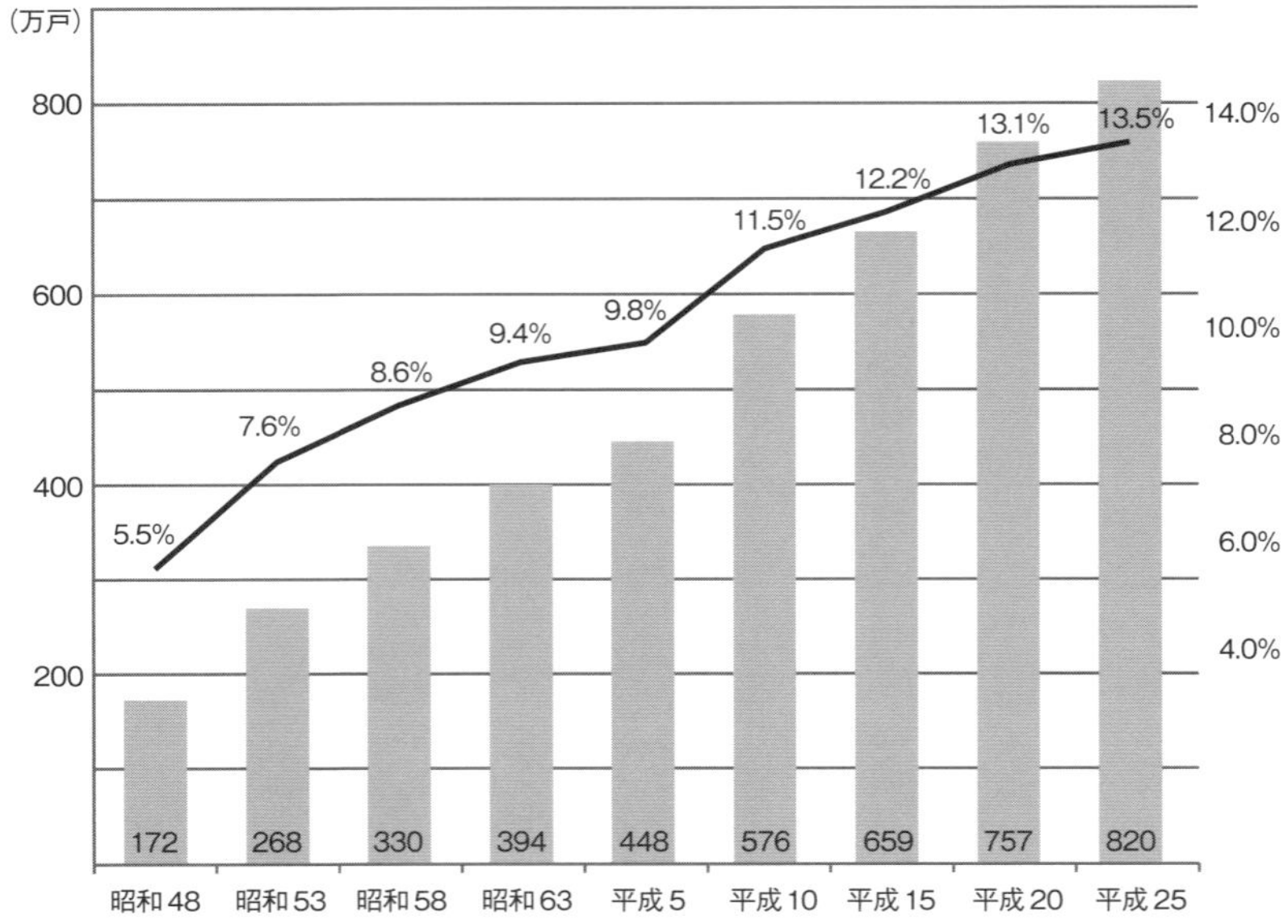

総務省統計局「平成25年度　住宅・土地統計調査」より

第二章

最初の投資物件をきっかけに本格的に不動産投資に参戦

新展開のきっかけとなった築45年の古アパート

エステビルの売却を終えた2005年の夏頃、桜木に、銀行系の大手不動産会社から、「築45年になるアパートを買い取ってくれないか」という相談が持ち込まれた。

詳しい話を聴いてみると、売主は90歳を超える老夫婦で、建物の維持管理が難しくなり、一時は解体することも考えたそうだ。しかし、「長年にわたって住んでいる人たちを追い出すのが忍びないので、現状のまま買い取ってくれる人に優先的に売りたい」ということだった。

桜木は、すぐにその古アパートを確認することにし、現地へ行ってみた。周囲を歩いてみると最寄り駅からは徒歩7分ほどの距離に位置し、畑と民家が点在する市街化調整区域（新たに建設、増築することを極力迎え、市街化を抑制する区域）の中にポツンと建っていた。

建物自体は、さすがに築年数を感じさせる印象ではあったが、清掃が行き届いており、老夫婦がしっかりと管理してきたことが見て取れた。2人の自宅は、アパートからは遠いようだ。長い間、自分たちだけで管理していたらしく、かなり大変だったであろう。

入居者たちは、60歳を超える男女が8戸中3戸に、それぞれ20年以上住んでいるらしい。桜木が名刺を差し出して彼らと話をしてみると、皆、何かに怯えているような表情をして桜木の言葉を聞いている。彼らは、家主との長いつき合いから薄々、「近いうちに、退去しなければならないのではないか？」と思っていたようだ。確かに入居者も少なく、建物の老朽化も進んでいるので、いつ取り壊してもおかしくないような物件である。もし、そうなったとしたら、「自分たちはどこへ転居すればいいのか？」ということに悩んでおり、どうも入居者同士でも相談していたらしい。

その頃の賃貸アパートの大家は、1人住まいの高齢者を極端に嫌がっていた。というのも、経済的に困窮している人も多く、家賃滞納の可能性があるからだ。

また、極端な場合は、孤独死してしまうことも考えられる。そのことを、このアパートの入居者たちは知っていたので、大家が代わるとなって不安を感じるのも無理はないのだ。

桜木は、売主の気持ちを汲んで、この物件の購入を前提に利益を生み出す策を考えることにした。物件は、市街化調整区域内ではあるが、既存宅地の権利があり、場合によっては再建築も可能である。しかも敷地が広い。仮に更地にして売却しても損をすることはないだろう。また、現状のまま購入し、半年ほど様子を見てから立ち退きをかける方法もある。しかし、入居中の高齢者たちの今後を考えると、追い出すのも胸が痛い。このまま所有するのでは慈善事業になってしまう可能性大だ。

そこで桜木は、考え方を変えることにした。リスクはあるが、依頼してきた大手不動産会社の頼みを聞くことで、「今後、別の仕入れが有利になるだろう」と考えたのだ。そして、購入を決断した。

銀行には、「アパートを現金で購入する」ことを伝え、リフォーム費用の融資を相談した。このとき、桜木の頭の中では新築同様にリフォームして、残りの空室に入居者を入れたときの利回り計算が漠然とでき上がっていた。

桜木が、入居者たちをそのまま住まわせる条件を売主に伝えたところ、売主から思ってもみなかった安価が提示された。売主が最も気にしていたのは、入居者たちのことだったからだ。代金決済の場で老夫婦が、「お金の問題ではない」と言い切ったことが、とても印象的だった。

差別化を図るために家庭菜園付きアパートにリフォーム

価格的には満足して購入したが、築45年という建物の活用には、若干の不安があった。リフォームの方向性を間違えると、空き部屋が埋まらないことも考えられる。急いで、しかも斬新なプランを考えなければならない。

桜木は、引き渡し後、すぐに自身のリフォームプランを下請け工事会社に告げ、最初の見積りを出させた。しかし、出てきた見積金額は、予想を大幅に超えた額である。それは、桜木が個人住宅と同等の高級仕様を指示していたからだった。

リフォーム本来の目的は、「高利回りアパート」にすることだ。周辺の家賃相場から想定される年間収益を算出し、表面利回りを15パーセントにして逆算してみると、リフォームにかけられる予算は、出てきた見積りの7割程度の金額でしかなかった。10年で投資金の元を取るためには、見積りよりも、かなり小さい予算で仕上げなくてはならないようだ。

そこで桜木は、特に外観にこだわることにした。入居募集時に、希望者が見に来たときの第一印象はとても重要だ。低い家賃相場の地域ではあったが、ほかのアパートとの入居者獲得競争が激しいことに違いはない。そのため、予算の多くを外壁工事などに使って、近隣のアパートとの差別化を図ろうとしたのだ。また、残った予算は、室内の装飾や設備などに充てることになるが、機器のメーカーなどにはこだわらず、標準並みの設備仕様にすれば何とか作り上げられそうだ。

しかし、予算を削った分、入居者募集に多少の不安が残っている。桜木は、洒落た外観とは別に、「もう1つ、アピールできることはないか」と思案した。幸いなことに、このアパートは8戸しかないが、120坪の広々とした敷地に建っている。この敷地を有効に活用してこそ、大きなアピールポイントになるはずだ。

そこで桜木が考え出したのが、「敷地の一部に小さな畑を作り、8分割にして各戸に割り当てる」ことだった。つまり、築45年の古アパートを、洒落た外観の「家庭菜園付きアパート」にしようというものだ。

桜木の思惑は当たった。募集開始から1カ月もしないうちに空いていた部屋はすべて埋まり、年利回り15パーセントのアパートが誕生したのだ。

家賃設定は、たとえ生活保護受給者であっても入居可能な金額にしてあった。毎月の家賃収入は36万円。リフォーム費用の借入返済期間を10年にすると、月に13万円。返済後には、多めの年金程度の収入が得られる計算になる。

一般の人がこのアパートを所有したとすれば、老後に備える収益としては、十分な物件に生まれ変わったのだ。

売買だけの不動産業に不安を感じる

不動産の売買だけを専門にしていると、仕入れのあとは売却できるかどうかの心配をし、売り切れたとしても、次の仕入れの心配をすることになる。その繰り返しに、「いつか不良在庫を抱え、倒産に追い込まれるのではないか」と、心が休まることがない。事実、桜木の周りには、たくさんの不良在庫を抱え、苦しみながら自ら命を絶った仲間が数人いた。桜木自身も日頃から、「このままの商いを続けていては、10年後も同じストレスを抱えて仕事をしているに違いない」と考えていた。

ある日、桜木の脳裏に、以前テレビで流れていた720万戸の空き家のニュースが浮かんできた。需要より供給が多い状態は今後も続く。一方で人口減少には歯止めがかからない。そのため、数年後には、住宅販売だけでは時代に取り残されるのではないだろうか。桜木は、「建売事業を徐々に縮小しよう」と考え出していた。そんなときに携わったこの古アパートの一件は、桜木の今後の試金石となる商いとなった。

初めての取引で収益不動産売買の可能性を見出す

リフォームしたアパートの入居募集も無事に終わり、2カ月が過ぎた頃、馴染みの業者から、「売り物ではないのか？」と問い合わせがあった。何のことかと訊ねると、リフォーム工事をしているときから見ていた、ある不動産投資家から、「売り物であれば交渉して欲しい、との依頼を受けた」と言うのだ。

詳しく話を聴いてみると、その投資家は、同じエリアでアパート経営をしており、「利回り10パーセントなら、ぜひ購入したい」とのことだった。

そこで桜木は、年間収益から逆算し、利回り10パーセントになる販売価格を算出してみた。すると、桜木が手にする利益は、建売住宅を3棟販売したときに得られる1500万円に相当することになる。時間や手間を考えれば相当な利益であり、効率のよさも感じる。桜木自身にとっても、まさに〝目からウロコ〟であった。

収益不動産を〝商品〟にすることのおもしろさを感じた桜木は、すぐに相手の申し込みを受け、契約することにした。こうして、初めての収益不動産売買が大きな結果を出したのだった。

収益不動産を数多く所有し、目指すは「護送船団方式」

「収益不動産を売買すること」に、大きな関心を持った桜木は、これまで業務の中心であった建売事業の規模を縮小することにした。リスクが大きくなる多棟現場は避け、1、2棟の小規模の建売を主に扱うようにしたのだ。また、広い建売用地を手掛ける場合は、宅地造成工事が終わっても上物は建てず、土地だけの分譲販売をするようにした。

建売事業を縮小した半面、収益不動産の仕入れには力を注ぎ、1年後の2006年には、アパートやテナントビルなどの、利回り12パーセント以上の中古物件を10棟仕入れていた。個々の収益物件を船に見立てた「船団」が整いかけていた。この船団の上げる収益が会社の柱となるのだ。

その頃、都内では、投資用の収益不動産の売買が盛んに行われていた。しかし、桜木の地元エリアでは、この現象を「東京都内だけのミニバブル」と考えている業者が多かった。そのせいもあり、桜木は、大した苦労もなく高利回りの収益物件を集めることができていた。早くから収益不動産に目をつけたことが功を奏したようだ。

しかし、投資を始めたばかりということもあり、収益不動産を購入する際の資金調達では、金融機関が提示する金額や金利などの融資条件を、すべて受け入れるしかなかった。そのため、高利回り物件の数は揃ったものの、返済期間の問題から、キャッシュフローの悩みが出てきたのだ。

10棟の所有物件は、リフォーム費用と物件購入費を合わせて、投資金額5億8000万円である。いずれも5年前後という短い返済期間の事業用運転資金と、10~15年の返済期間である物件担保の融資金で賄っていた。毎月の家賃収入は550万円で、年間6600万円を計上するまでになっていたが、物件ごとに融資条件が異なり、物件によっては、中古不動産売買プロジェクトとして、融資期間「わずか1年」という取り扱いを受けるものもあった。

「実際のキャッシュフローは？」というと、月々の元利金返済をすると手元には150万円程度しか残らない。これでは社員を抱えての安定経営には程遠い。

日本の金融機関は、たとえ物件の収益率がよくても、また、古い建物に改築リフォーム費用をかけたとしても、法定耐用残年数を超える期間の融資をしたがらない傾向があるので、どうしても、返済期間が短くなり、月々の返済額も増える。そのため借りる側は、キャッシュフローの余裕を出しにくいのだ。

桜木は、所有している10棟の物件を「船団」と表現していたが、その船団の中心になるべき「旗艦物件」を、いまだに仕入れることができないでいる。

桜木の考える**『護送船団方式（38ページ）』**とは、まずは、資産価値が高くキャッシュフローのよい「大型優良物件」を中央に置き、それを「旗艦物件」と見立てる。そして、その周りを常時10棟前後の物件（船）で囲み、安定したインカムゲイン（賃料収入）を得ながらも市場のタイミングを計り、物件を入れ替えるような売買を行ってキャピタルゲイン（売買益）を狙う。もちろん、入れ替え購入する物件は、売却する物件よりもキャッシュフローが出るほうがよい。

このようにして、徐々に**キャッシュフロー重視の船団に仕立てる**という方法が、桜木の構想にある「護送船団方式」である。これならば、安定した会社経営が可能になるのだ。

収益不動産による「護送船団方式」

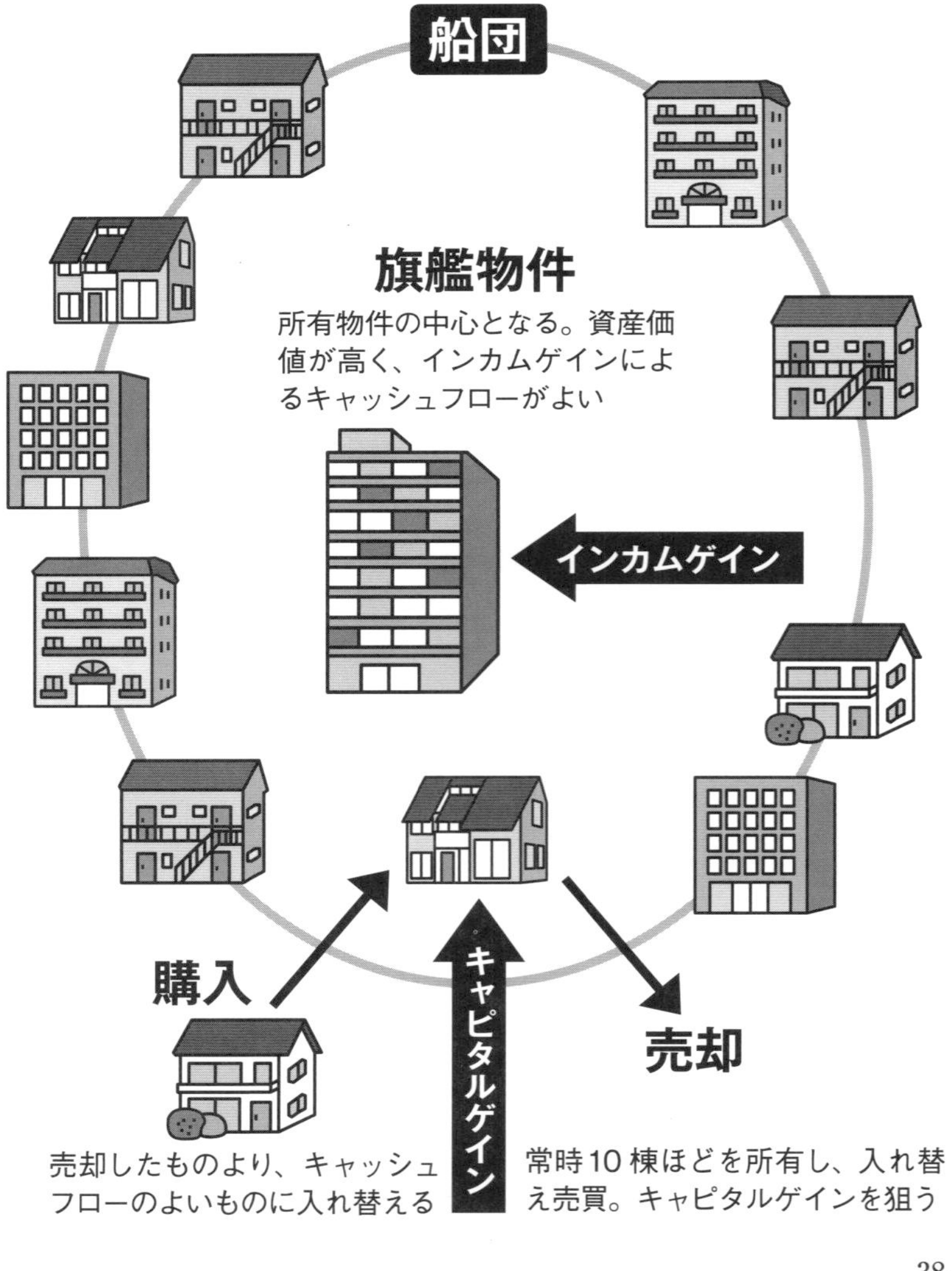

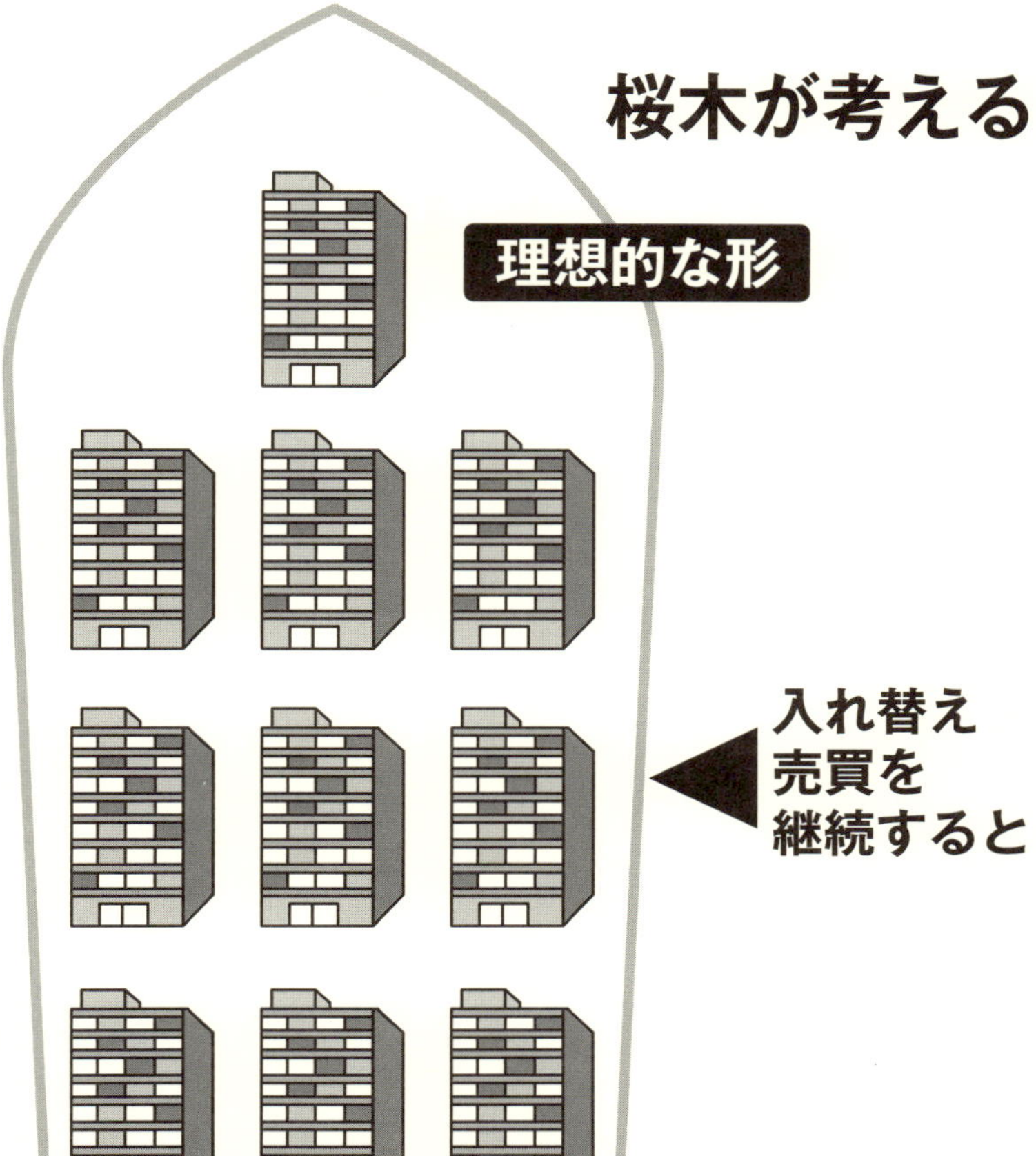

すべての物件が旗艦物件と同等になる
理想的なキャッシュフローを生み出し
収益不動産のみで運営が安定化

重視すべきは「キャッシュフロー」

当初は、利回り重視で仕入れを急いだため、桜木の所有する物件は、長期と短期の借入期間が混在した船団構成であった。いくら利回りがよくても、短期融資では月々の返済額も増えるため、キャッシュフローがよくない。そのため、物件の入れ替え売買では、市場の動きに対応できるような換金性が高く、キャッシュフローのよい物件を探していた。

桜木は、最初の2~3年は、目標数字を「年間家賃収入1億円、年間売却益5000万円」と考えていた。そして、最終目標は、「キャッシュフローのみで成り立つ賃貸業」である。自己資金も担保資産もない者が、金融機関からの信用と自分の不動産に対する目利きだけでどこまでできるのか、というチャレンジのような感覚だった。桜木は金融庁の出す政策や各金融機関の動向や思考、世の中の経済状況の変化を積極的に研究し、さらには、全国の不動産物件の動きを神経を研ぎ澄まして観察していた。本格的に不動産投資に取り組むには、物件の選定や資金調達も大事だが、**時代の先を読み、世の中の資金の流れを見極める**ことも重要だ。あらゆる投資において、人間の心理による行動で各相場が動くということは、不動産バブル時代に体験してよくわかっている。

短い期間で激しく社会情勢が変動する現代に、より確実にキャピタルゲインを得るタイミングを計るには、保有する間の**キャッシュフローを安定させる**ことが必要だ。特に桜木のように、短期と長期を織り交ぜた融資金に頼る投資スタイルは、たとえ黒字経営であったとしても、資金ショートする可能性が大きくなるため、気をつけなくてはならない。

桜木は慎重に事業を推し進め、2年後の2007年には、18棟の物件を購入し、その内の8棟を入れ替えるように売却していた。家賃収入は1億円を超えていたが、相変わらずキャッシュフローは3割程度であった。しかし、足りない分を売却益で補い、ある程度の売上高も確保していたため、金融機関との関係は良好だった。金融機関の中には、せっかく長期間の融資で貸付た物件まで早目に売却し、繰り上げ返済する桜木に対して、嫌味を言うところもあった。

しかし、桜木は一向に気にすることなく、少しでも長期の融資を取り付けることにこだわりながら売却を進めた。それは、収益不動産の場合、長期ローンであれば無理をして売却しなくても家賃収入を得ることができるので、焦る必要がないからだ。

一方で、金融機関の中には違う目で見ているところもあった。桜木が仕入れた物件は、売却時には常に十分な利益を出している。その目利きを信用しているようだった。ある担当者から、「桜木社長が仕入れる物件は、利回りが高いものばかりで、いざとなれば、私たちが融資した額以上で簡単に換金回収できると思っています」と言われたこともある。

さて、売却がうまくいっても、代わりに仕入れる物件がなくては護送船団方式という目標に近づかない。だが、売却益を得ないとキャッシュが足りなくなるという現実もある。桜木は、所有物件の底上げの必要性を感じ、これまで手を出さなかった大型物件も視野に入れ、情報を集めることにした。常時10億円以上の物件所有状況になったのは、これから3年後、2010年のことだった。

第三章

実例　中古物件の仕入れと生み出された収益

ケース1

まな板の鯉
―金融機関との交渉―

中古物件の仕入れにおいて最初の1〜2年目は、手持ち資金をあまり使わずに、5000万円前後で購入できる「高利回り物件」に絞って仕入れるようにしていた。初めて手掛けた築45年の古アパートの次に仕入れた物件は、ある信用金庫からの紹介だった。そのアパートは地元の商店主が売主であり、すでにローン返済を滞っていたようだ。俗に言う、「金融機関による任意売却」の相談である。売主は、まさに「まな板の鯉」の状態で、たとえ通常価格で売却処分できたとしても、多額の借金が残ってしまうようである。そのため、桜木の提示する金額にすぐに同意した。あとは融資した信用金庫が**抵当権の抹消**に同意すればこの話はまとまる。

桜木が感じたのは、「信用金庫は、不良債権になってしまっているこの物件を、1日でも早く処理したがっている」ということだ。そこで、物件の借入融資は、その信用金庫を利用する条件を提示し、抵当権抹消を了承してもらった。

この取引は、信用金庫に大きなメリットをもたらした。

①不良債権が減った。

②桜木が融資を受けることで、融資残高も大きく下がらすに済んだ。

③優良債権が１件増えることになった。

この信用金庫の支店も、本部に報告しやすくなったことは間違いない。このようにして桜木は、またもや土地の評価以下の価格で、築15年、満室のアパートを手にしたのだ。この物件には、簡単なリフォームと物件周りの外構整備、清掃に費用をかけた。そして5カ月後、仕入れ時には12パーセント利回りであったのを９パーセント利回りで売却することができた。売却益は１０００万円を確保した。この商いは、俗に言う「転がし転売」に近い取引で、３０００万円の投資金が、金融機関との交渉がうまく行ったおかげで４０００万円になったということだ。代金決済後、土地値でアパートを手にしたことで購入者がとても満足した表情だったことが印象的だった。

ケース2

怪しいアパート
―法定耐用年数と融資期間―

この時期には、建築業界に身を置いた者からすると考えられない物件も手に入れた。同じ敷地内に一戸建て住宅とアパートが建っているのだが、一戸建て住宅は5戸のワンルームに改築され、8戸のアパートのほうは、その建物と連結された状態で建っている。建物の外壁には、給排水管が継ぎはぎに張り巡らされていた。

この築40年、計13戸の奇妙な建物は、東南アジアの一角でよく見かけるような貧困者をターゲットにした違法建築物であった。「住民は?」というと、身元の怪しい外国人が数人、日本人であっても大半が高齢者で、しかもその半数は生活保護受給者である。しかし、利回りはよく16パーセントもあり、空室も少なかった。

熟考した桜木は、まずは外国人たちを退去させ、日本人の生保護受給者を積極的に入居させることにした。高齢の生活保護受給者の多くはおとなしく、設備などに多少の不具合があっても文句を言わない。もし、大家と揉めてその部屋を出るようなことになると、次の住居が見つかりにくいことを知っているからだ。多くの大家は、1人暮らしの高齢者を嫌がる傾向があるのだ。

住人から不具合の指摘やクレームはなかったが、売却に備えるために不具合を見つけては補修するようにした。その間、住民たちはおとなしく、息を潜めるように生活をしていた。一度、家賃を滞納する住人宅を訪問したときには、住人から申し訳なさそうに、小銭の入った貯金箱を手渡されたこともあった。

それから半年後、この建築基準法違反の物件は、70歳を超える老夫婦が購入することになった。売価は、利回り12パーセントで設定した金額だった。所有6カ月の間に、投資した金額は4000万円。収入は、家賃が8パーセントで325万円、それに加えて売却益は1350万円となった。半年の商いとしては実に効率のいい投資である。

しかし、この物件には桜木が思わず苦笑した後日談がある。それは、売却後

7年を経過した頃、桜木の元に3人の所有者を経て、桜木が売った以上の価格の8パーセントの物件として持ち込まれたのだ。しかし、7年を経ても価格が上がって売買されているということは、この物件は、桜木が所有した時点で「優良物件」に変貌していたはずである。

では、なぜこの高利回り物件を桜木は急いで手放したのだろうか?

それは、建物が法定耐用年数を超えていたことや違法建築のため、中古不動産売買プロジェクト資金として1年間でしか融資を受けられなかったことが理由である。前述したが、それではキャッシュフローが悪くなってしまう。

このような物件を購入する場合、購入者は手持ちの現金もしくは別の担保物件を差し出し、金融機関の融資を受けることになる。金持ちならばいいが、一般のサラリーマン投資家には向かない投資物件と言えるだろう。借入金の約定を守り続けて10数年。堅実な業務で金融機関からの信用を積み上げてきた桜木は、売却に手間取り、約束の期日までに返済ができなくなって融資条件の変更を申し込むようなことだけは、絶対に避けたいと考えていたのだ。

ケース3

連棟の店舗
―希望価格の差を埋める引き渡し時期―

次に桜木が手掛けたのは、最寄り駅から離れた町の小さな商店街の中にある連棟の店舗物件だった。この時点で3軒のテナントが入っていた。

売主は、やはり事業に失敗して行き詰まっており、資金の調達を急いでいるとのことだった。ローンはすでに完済していて、1カ月以内で決済できる購入者との契約が条件だった。

桜木は、信用金庫に無理を言って稟議を急がせ、契約から2週間後には、物件代金の支払いを済ませた。

しかし、物件調査が不十分だったため、物件取得後にテナントへ貸主変更のあいさつを行ったとき、「前の大家は雨漏りの修理もしなかった。家賃の値下げ要求や退去も考えている」など、色々と文句が出てきたのだ。

そこで桜木は、すぐに屋根業者を手配し、建物全体を覆うような形で鋼板をかぶせて雨漏り対策を実行。また、傷んでいた躯体の一部も補強修理するなど、前の大家との違いを見せた。これにより各テナントは気分を直し、家賃を変えずに居続けることになった。

この物件も「融資借入期間1年」という制約を受けていたので、桜木は売却を急いでいた。幸いにも、補修工事が終わった1カ月後には購入希望者が現れた。それは、桜木が最初に手掛けた古アパートを購入した投資家だった。その物件が順調に稼働しているらしく、「次の投資物件を物色しており、この物件も譲って欲しい」と言う。

しかし、彼の提示した購入希望価格では、桜木の望む売却益が出ない。2度、3度と断ったが、相手も引き下がらない。このまま歩み寄りができなくては、この話はまとまらないことになる。

そこで桜木は、ダメもとで提案してみた。

「希望額の差を埋めるために、引き渡しを1年後とする契約ならどうか？」

希望価格の差額は、1年間の家賃収入に等しい金額であった。桜木は、その間の家賃収入を得ることで、差額が埋まると考えたのだ。

彼は少し考えると、「希望通りの価格で購入できるなら1年後の引き渡しでも構わない。契約を締結する」と言った。

結果的に、**契約から1年後に引き渡すことで、双方の希望価格の溝を埋める**ことに成功した物件だった。

ケース4

デザインアパート
—思い切ったリフォームと床下調査—

高利回りだけの中古物件の購入を続けている中、ある大学と最寄駅との中間に建てられた大学生向けの物件を見つけた。ドーム型の屋根が目を引く木造のデザインアパートである。所有者は都内在住で、ご主人が亡くなったあとは管理会社に任せっきりにしていたこともあり、入居者は半分のままで放置され、空室の内部も汚く、設備機器も壊れた状態だった。

「この物件は、リフォームの仕方によっては化けるかもしれない」と考えた桜木は、入居者と年齢が近い若手のリフォーム業者に相談した。そして、外壁を明るい色に塗り替え、内部の建具や設備などは、部屋ごとに異なるパステルカラーに変更した。大学生に好まれるように模様替えをしたのだ。

この思い切った色使いが功を奏したのか、賃貸募集2カ月間で満室となった。

ただし、床下の状態を調査していなかったため、とんでもない事態を引き起こしてしまう。1階の入居者が入浴中に、なんと、バスタブが抜け落ちてしまったのだ。どうも基礎と土台が腐っていたようだ。当然ながら、入居者からは激しく文句を言われ、桜木は、只々、平謝りであった。

入居者には、たいへんな迷惑をかけてしまったが、この一件以降は、「購入する際は、床下の調査は欠かせない」ということを肝に銘じるようになった。

ケース5
長期所有ビル
―十分なインカムゲインを享受―

桜木が長期所有した物件の中で7棟目となった中古ビルは、とても思い出深いものとなった。所有期間は8年間だったが、その間、「一括借り上げ」の契約がまとまり、十分なインカムゲインを得てから販売できたからだ。

この物件は、某国の出先機関が所有する施設ビルだった。外国人から不動産を購入するのは初めてのことである。

県内に数カ所あるという、某国の人たちのための研修施設の中の1つらしく、早急にビルを売って、売却代金を本国に送金しなくてはいけないそうだ。「県内の本部で交渉したい」ということだったので、何となく不安を感じた桜木は、用心棒代わりになればと、社員を1人連れて交渉場所へ向かった。

交渉に出てきたのは、表情の読めない、とても威圧感のある人物であった。そして、その周りを囲むように、目つきの鋭い配下の人間が3人も立っているという、異様な雰囲気の中で交渉は行われた。威圧感のある責任者は、日本語を理解している様子だが、決して日本語を話そうとはせず、側近らしき人物を介しての交渉である。相手は、1日も早い代金決済を望んでいたようだが、桜木は、「施設からの引っ越しが完全に終了したことを確認した上で支払う」という条件を提案、話はまとまった。代金決済後に居座られたら面倒なことになると心配したのだ。

このとき相手からは、「決済日の変更をしないことが絶対条件」と言われていた。しかし、決済前日に確認してみると、彼らは、いつも通りに使用しているではないか。決済の予定は翌日の午後1時である。万が一、決済の時間までに施設の退去が完了しなければ、取引は中止となる。

桜木は翌朝、「退去が終わっているはずはなく、取引は中止だろう」と思いつつ、現地へ向かった。すると、驚くべきことが起こっていた。なんと、見事に退去が完了しているではないか。わずか一晩で。いったい、どんな手を使ったのだろうか。近所の人に聞いてみると、「夜中に数十人が来て、トラックですべての荷物を運び出していた」そうだ。ビルの引き渡しにも国の威信かけたようで、桜木は、妙に感心させられた。

その日の取引は無事に終わり、桜木は、ふたたび物件へ向かった。実は勢いで買ってしまったため、その活用方法に悩んでいたのだ。国道沿いで目立つビルには違いないが、最寄りの駅までは12分もかかる。1階のテナントは駐車スペースも広く、客付けには心配していなかったが、問題は2階、3階の各50坪の事務所スペースである。近隣の事務所の賃貸状況は、この時期、最悪だったのだ。

桜木は、ビルの有効活用を専門にしている会社の経営者に相談を持ちかけた。すると、その人は、「シェアハウスとしてリノベーションするならば、すべて借り上げる」と言う。そこで桜木は、相手の要求を聞き、内装業者に25の小部屋を作らせ、シャワー室やトイレ、キッチンなどの必要な共用設備を配置した。この状態で利回り11パーセントの「1棟借り上げ保証賃料」を確保することに成功したのだ。

この物件は、特殊な建物のため売却は難しい。また、購入資金の借入期間も20年と長期であったため、会社としては**キャッシュフローがよくなる**ことがわかっていた。そのため長期保有を決め込み、インカムゲインを享受することにした。

それから8年後、ビルは、「この地域限定で目立つ物件を探している」という開業医が購入することになった。現在は、借り上げ契約の更新はせず、従業員の寮として使用しているそうだ。

ケース6

稀に見る好立地
―用地収用予定地―

買い取った物件の中に、稀に見る好立地の物件があった。一部上場企業が所有するビルで、「北の玄関口」と呼ばれる主要駅の駅前通りに面し、周りには、綺麗なビルが並んでいる。しかし、見た目はいかにも古く、取り壊しを待つだけの状態に見えた。

大手都市銀行からの情報であり、しかも立地がよかったことから、すぐに飛びついてはみたものの、築年数は古く43年も経っている。そのため、建物の法定耐用年数の残りは少なく、「長期間の融資は受けられないだろう」と思っていた。

ところが、銀行は20年という長期のローンを提案してきた。しかも売主の提示価格は、簡単な交渉をしただけで最初の希望価格から3000万円も下がり、1億円となった。この土地の評価は、低く見積っても1億5000万円はするはずだ。おそらく売主は、「ビルの再生は無理だ」と考えているのだろう。解体して更地で売却する手間を考えたら、たとえ安くても現況で早く売却したほうがいいと判断し、その上で処分価格を提示してきたのだ。桜木は、ビルの再生は十分に可能だと判断し、購入を決断した。

並びの立派なビルと比べると、このビルは極端に見劣りしている。桜木は、違和感のないように、色合いや外観に気を配ったリフォームをすることにした。

3000万円の費用をかけて再生したビルは、築年数が15年ほど若返った印象となり、並びのビルの間に溶け込んでいるようだ。そして、賃料を並びのビルより2割安にして募集をしてみると、瞬く間に満室となり、利回り13パーセントの物件になった。

このビルの購入の決め手になったのは、20年という長期の融資を受けられたことや資産価値の減少が少ない好立地であること、それに加えて、桜木が近い将来だと予測した「用地収用予定地」だったことなどだ。

このビルの前面の道路は、拡幅が事業決定していて、数年後には、そのための用地買収の話が来ると読んでいた。用地収用のうま味は知っている。そのときまで、キャッシュフローがよい状態を保つには、長期の融資返済期間が必要だった。

桜木は、国道の整備計画を扱う機関に出向き、今後の事業予定を確認した。すると、この事業計画の予算は、全体の半分の距離の整備費で使い切ってしまい、「次の予算付けができるまで進められない」とのこと。役人は、言質を取られるのを極端に嫌うので、曖昧な受け答えに終始するばかりだった。

元々、この道路計画は、30年前に決定していて、予算が組まれたのが5年前である。施工までに25年もかかっている。当然かもしれないが、次の予算決定の時期は予想もつかない。

建物は、すでに築43年も経っており、改修工事をしたとはいえ耐震補強もしていない。この先の建物維持費も気にかかる。早目に売却してキャピタルゲインを狙ったほうが得策のように思えてきた。滅多に出ない好立地の物件だが、「自分には時間がない」と判断し、手放すことにした。

桜木は、地元の若い不動産経営者にすべての状況を伝えた上で、瑕疵担保なしで売却した。桜木と違って、この30代の購入者には待つ時間がある。あとは建物のメンテナンスの問題だけである。

この物件の収支は、所有した3年間の賃料収入と2割の売却益だった。売却から7年経った現在、築50年の建物は、東日本大震災にも耐え立派に建っている。しかし、桜木の予想通り用地収用の計画は進んでいない。

ケース7

入れ替え売買
―タイミングと目利き―

色々な購入物件の中には、ほとんど手を入れずに3カ月から1年の期間で転売し、1000万円以上の利益を出す物件が数多くあった。

あるとき、不動産売買市場の動向を調べるため、3棟の売り物件を不動産業者対象の「レインズ」に登録してみた。レインズとは、不動産流通標準情報システムのことで、会員の不動産会社が情報を受け取ったり、情報提供を行ったりするネットワーク・サービスである。会員間での情報交換をリアルタイムで行うことができるのが特長だ。

桜木は、3棟の販売価格を、試しにリフォーム済みで9パーセント利回りに設定してみたところ、その結果に驚愕した。業者からの問い合わせが止まないのだ。「この業者が一番手、こちらが二番手」と、申し込んできた業者を順番付けしなければならなくなり、いわば「早いもの勝ち」のような状況である。しかも、売却益は、販売価格の２割以上確保することができ、十分な商いになった。桜木は、「金融機関から受けた融資期間が長期の物件は極力残したい」と思っていたが、中古物件は、売り買いのタイミングが難しい。売却物件より好物件への入れ替えがうまくいかないと、桜木が目指した「護送船団方式」が成り立たなくなる。売却は簡単なのだが、代わりに仕入れる物件に、桜木の気に入る条件が揃ったものが少なくなってきた。徐々に同業他社の参入が増えてきたようだ。これは２００７年頃のことである。

桜木は、土地勘のない地域の物件の購入には慎重だった。県外の物件が持ち込まれると、「その物件の周りには不動産投資家はいないのか」「地元の人間が欲しがらない物件を買えと言うのか」などと断るようにしていた。

桜木は、自分の知らない地域、つまり、**自分の目利きが通用しない地域の物件に手を出して後悔したくなかった**のだ。ただ、そのように商圏を狭くしてしまうと、この先、中古物件の仕入れが厳しくなってくるだろうということは覚悟していた。

ケース8

高額新築物件
―販売価格を下げて交換契約―

収益不動産の売買を始めて1年半が過ぎた2006年頃、桜木は、主要駅の近くに中古の自社ビルを所有していた。業者仲間内では、「桜木の会社が収益不動産売買でうまくいっている」という評判が立ち始めており、次々と物件が持ち込まれるようになっていた。

その中に、駅徒歩1分の建築中のテナントビルが含まれていた。銀行系の不動産会社から持ち込まれたもので、等価交換による取引で手にしたものだ。その近くには、公共施設が数多く入居する高層ビルが集まっており副都心化しているが、そのエリアまで徒歩で行ける距離だった。価格は2億3000万円。中々手に入らない好立地の物件だ。

桜木は、大手銀行の支店長に相談した。すると支店長からは、「前向きに考えるので進めてはどうか」との返事である。それまでは、1億円以下の物件を主に扱ってきたが、「そろそろ物件の価格帯を上げようか」と検討していたときだったので、桜木は、購入することを決断した。

銀行から提示された融資条件は、「物件の担保評価が低いため、２割近くの自己資金を入れること」だった。その代りにローンは25年と長期間でよく、金利も今までより低い利率である。これなら、普通に賃貸で貸し出せば、キャッシュフローが相当よくなる計算だ。

しかし、桜木は、「自己資金を入れる」という条件が気に食わなかった。自己資金を入れるということは、その資金が眠ってしまう、つまり、ほかの用途で使うことができなくなることが嫌だったのだ。

そこで桜木は、売主と相談してみることにした。

売主は同業者で、話を進めているうちに相手の持ち客の中に、桜木のテナント付きの自社ビルを欲しがっている客がいることを知った。そして、お互いの物件の「交換契約」の申し出があったのだ。

桜木には、同業者として、売主の会社がいくら位の利益を見込んでこの新築物件を持ち込んで来ているのか、おおよその検討がついたので、「自社ビルを売ってもいいが、こちらの希望価格を言い値で飲んでもらうことが条件だ」と申し入れた。

相手も相当の利益を乗せてはいるだろうが、桜木も同じくらいの利益を乗せた金額を提示していた。相手は買い取り仲介（購入契約だけして所有名義を自分にせず、自分の顧客に転売する）の手法を取るつもりだ。これにより、登記費用が不要となる。

しばらくして、相手から「承諾」の返事が来た。

しかし、今度は別の問題が生じてきた。すぐに取引を行ったとすると会社の決算月に近くなる。そのまま利益を計上してしまうと、多額の税金を納めることになるのだ。これは、とても憂鬱な気分だ。税金を納めることに不満はないが、取引時期が翌年度になれば、「より効果的な税金対策もとれるだろう」と思うからだ。

そこで桜木は、試しに相手の会社の状況を聞き出してみた。すると、偶然ではあるが相手も同じ決算月であった。そして、「決算前の売買だと多額の利益計上によって同じ悩みを抱えることになるだろう」と言うのだ。

熟考した末、桜木は次のような提案をしてみた。

①お互いの販売価格を同じ額だけ下げる。
②その際、お互いに原価を割らない価格に設定する。
③桜木の自社ビルのほうが販売価格が低いので、契約金額に関わらず、桜木は交換差金を払う。

これにより、互いに利益調整（利益を少なくした）をした上で、交換契約をすることができると考えたのだ。

提案から2日後には予想通り、「了解」の返事が来た。当然ながら相手も、今期の納税額を抑えたかったのだろう。こうして桜木は、契約金額を抑えた契約を交わすことで、自己資金を使わずに初めて高額な駅前新築ビルを手に入れた。**売主との共通のメリットを見出す**ことで実現した会心の取引だった。

そのビルは、完成と同時に中堅のサブリース会社が借り上げてくれることになり、桜木は、通帳管理をするだけでよくなった。これは、サブプライムローン問題が表面化する1年前の2006年夏のできごとであった。

この物件を所有したことによって、桜木が描いていた、核になる物件（旗艦物件）を中心にしてキャッシュフローを積み上げ、保有している物件の一部を売却しながら入れ替え購入し、安定的な家賃収益と一定の売却益を得る形の「護送船団方式」の成立が現実味を帯びてきた。

ゆくゆくは賃貸収入だけで会社の維持経費が賄えれば、あとは自分のやりたい仕事だけを余裕をもってやれる。テナントが家賃を払ってくれるので、ローンは自動的に返済できる。また、年月が経過しローンが終了すれば、自然と資産が残ることになる。まさに、ストレスの少ない会社経営の夢が見られるではないか。

桜木は、この取引の前後にも、利回り10パーセント以上の中古物件を3棟仕入れていた。しかし、今までのような高利回り中古物件が不動産市場に見当たらなくなってきていた。それは、収益不動産売買を手掛ける同業者が増えて買い手市場になり、価格が高騰していたからだ。桜木が売却する物件と比較しても利回りは低いぐらいで、いい物件を仕入れることが思うようにいかなくなってきた。

桜木は、都内の大手銀行系列の不動産業者に勤務する友人に、東京の動向を訊ねてみた。すると、「東京のミニバブルの状態は少しずつ収まりつつあるが、いまだに高値で取引している業者はたくさんいる」とのこと。また、これから先の予想も聞いてみると、「購入する物件は、資産価値を重視して買ったほうがよいのではないか」ということだった。お互いにバブル崩壊を体験した者である。変化の兆しには若い同業者より敏感なはずだ。何となく、嫌な予感が頭をよぎった。

不動産価格の変動は、過去を辿っても**「東京から始まり、地方へ波及する」**ことが多い。つまり、東京の動向を注視することがとても重要なのだ。

幸い桜木には、腹を割ってつき合っている友人たちが、数多く東京で不動産業に関わっている。彼らと積極的に情報交換し、東京の動きをいち早く入手することで、桜木の感じた嫌な予感にも、うまく対処できるだろうと考えていた。

第四章

投資環境激変の中で

投資環境激変の中で　その1

長期融資の「資産」と短期融資の「売買プロジェクト」の2本立て

２００７年の夏頃には、サブプライムローン問題が発覚した。

友人からは、「東京では、強気な業者と弱気な業者が入り乱れている状態だ」と報告が入ってきていたが、桜木の地元では強気な業者が大半であった。

その頃、桜木は、テナント付きの自社ビルを地元ゼネコンに建設させていた。売却するつもりはなく、最後まで保有するつもりで、大きな予算をかけた総タイル張りのＲＣ物件だ。

完成すると、主要駅にも近いこともあり、すぐにテナントが決まり満室になった。自身の会社も移ったため家賃負担はなくなったが、費用全額を借入資金で賄った上に、ハイグレードな仕様で高額な建築費をかけたため、テナントからの賃料収入だけではキャッシュフローがあまりよくなかった。しかし、自分の城ができ上がったようで、桜木は満足していた。

この時期は、地元の同業者が中古の物件を奪い合い、桜木の提示する買い取り価格では益々仕入れが難しくなっていた。市場に魅力的な物件が少なくなっていくのを見て、桜木は、「新築の賃貸マンションの1棟売り」に方針を切り替え始めていた。

「駅からの距離」だけは妥協しない方針でマンション用地を探した。**主要駅ならば徒歩10分まで、それ以外の駅ならば徒歩5分以内**と決めていた。空き室の多いワンルームは非常に競争が激しく、築浅（築年数が小さい）、駅近、25平米以上の広さでないと、数年後には入居者を確保することが難しくなるはずだ。そして、やがては賃料の値下げ勝負になり、「空室も益々増えていくだろう」と考えたからだ。

翌2008年の後半に世界経済を揺るがすリーマンショックが起こるとは夢にも思わず、桜木は、1年間で5棟の新築マンションを建設し、販売に力を入れていた。「長期融資を受けて資産計上するもの」と「短期融資で売却を目指すプロジェクト（商品）」の2本立てで取り組んでいたのだ。

物件はすべて総額2億円以下で、購入層が広い価格帯に設定した。購入者は、主に銀行系不動産業者が斡旋してくれた。この頃、銀行は益々協力的になり、桜木の手掛ける1棟売り物件を、積極的に後押しするようになっていた。銀行にとっては、優良貸出先が増えるからだ。


桜木は以前から、友人の忠告が気になっていた。そのため、東京に出かけるたびに、サブプライムローン問題発覚後の不動産業界の動向に関する情報を集めることにしていた。友人たちとの会話からは、桜木の脳裏にバブル崩壊の記憶が甦る。そして、帰りの道では、「このままでは、大きなダメージを食らうかもしれない。所有している中古物件の処理を急がなければ」と強く思うようになってきた。

桜木は、所有している10数棟の物件を、思い切って高利回りに設定し直して販売することにした。販売のために日本経済新聞を使って、折り込みチラシ

10万部を配布した。

そのチラシでは、すべて「売主直売物件」として告知していたからか、一般の人よりも仲介業者からの問い合わせのほうが多かった。どの仲介会社もおそらく両手数料で仕事したいのだろう。桜木は、一般客の細かい相談につき合うのも面倒なので、問い合わせのあった仲介会社に「手数料も出すし、多少の指値も受ける」などの連絡を入れ、売却するスピードを上げた。そして、リーマンショックが起こる2008年9月頃までには、半数の物件を処分することができ、売上高は8億円を超えた。


急いで売却したとはいえ、**どの物件も「損切り」はしていない**。減ったとはいえ、利益は出していた。そして、この年度の会社の決算は、過去最高の売上高と利益を計上していた。

また、その時点でも建築中の新築物件と合わせて、まだ10棟ほど所有していたが、売り残した物件も高利回り物件と新築物件だった。

周りの買取り再販業者の中には、「高値掴み」した物件の売りどきを失い、リーマンショック後は商品としての売却をあきらめ、資産としての所有に切り替えて、融資期間の約定変更をする業者も数多くいた。

しかし、金融機関は、返済年数を短期から長期に変更することには非常に消極的である。交渉がうまく進まなければ、約定を守るよう、強行に返済を求める金融機関もある。

ほかの業者とは対照的に、桜木が融資を受けていた金融機関も、その処分のスピードに驚きの声を上げていた。そのため、桜木の持ち込む購入案件に対する融資の申し込みには益々協力的になってくる。そして、以降の融資のほとんどは「全額融資」となり、自己資金を求められることもなくなっていった。

その後、世の中が不景気だろうが関係なく、不動産は一定の動きをしていた。そして、2009年の春頃には、相続対策を含めた富裕層からの新築マンションの引き合いが増えてきた。一般的な社会人は収入減に苦しみ、企業の倒産数が増えている時期に、富裕層は税金の心配をしている。日本という国は、すでにひどい格差社会になっていて、富を持った者は、富が富を生んで益々裕福になり、多くの人々は将来の生活不安を少しでも和らげようと懸命に貯金に励み、住宅ローンを終え、少ない年金での生活を迎えることを現実として捉えて生きている。そのような将来像を打開しようと、不動産投資に集まってくる人々の気持ちは理解できる。その証拠に、各地で開かれる不動産セミナーには、多くの人が集まり、その数は一向に減らない。

桜木は、リーマンショック前後、借入期間が短く、キャッシュフローがあまりよくない物件を重点的に高利回り物件として売却した。この先の不景気がいつまで続くのか、予想が難しく換金性を心配したからだ。

いくらインカムゲインをとっても、売却時にキャピタルロス（売却損）を出してしまったのでは、何のための投資かわからなくなるではないか。

桜木は常々、不動産投資は建物の寿命を3期に分けて、どのタイミングで所有するべきかを考えていた。

①新築から手間のかからない築浅期間

②築浅から多少手間は掛かるが再販可能な期間

③表面利回りはよいが維持経費がかかり、再販が難しくなる取り壊しまでの最後の期間

いずれの期間を選択するにしても、投資家の好みで挑戦すればよい。個人と企業では税金の問題はあるが、不動産投資の基本は、「絶好のタイミングで仕入れ、世の中の動きを注視しながらタイミングのよいところで売却してキャピタルゲインを得る」ことと、「保有期間中にインカムゲインで借入金を減らしておけば、売却時に返済にまわしたインカムゲインも回収できる」ということである。余程の事情でもないかぎり、焦った売買だけは慎みたいものだ。

しかし、リーマンショックは、世界を揺るがすできごとだっただけに、桜木にも先の動きが読めず、換金性に疑問の残る物件は高利回りを餌に売却したのであった。その判断は後年になっても後悔することはなかった。

投資環境激変の中で その2
変化の兆しを読み、手元の資金を増やす

リーマンショックを境に株価が急激に下落して、一気に投資熱が冷え込み、投資に向かう資金の潮目が変わってきたのは明らかである。そのために桜木は、以前より頻繁に東京の投資不動産の動向を聞き出し、より慎重な姿勢で地元の変化を見守っていた。

日本の場合、東京の経済動向が、しばらくして地方にも波及する傾向がある。これは不動産も同じだ。そして東京に近いほど伝わる時間は短い。だからこそ、いち早くその傾向を掴んで動けば、けがが小さくてすむ。桜木は、それを実践しようとしていたのだ。そして、しばらくは仕入れを控え、様子を見ていた。

次に仕入れに動いたのは1年後であった。その間、保有する物件の賃料収入と、自己資金を多く投入している物件の売却で資金回収を計り、手元の資金を可能なかぎり潤沢にして、次の投資に備えていた。

この時点で桜木が手掛けた不動産投資物件は、すでに28棟になっていた。

投資環境激変の中で その3

将来を見据えた間取りや工法で建てた建物にこだわる

リーマンショックの影響も少し落ち着いてきた頃、桜木が力を入れていた新築マンションの1棟売り事業は順調に進んでいた。しかし、限られたエリアで展開していたため、あとから追随してくる同業者が多くなり、段々と仕入れ用地の確保が難しくなってきていた。

それらの業者の中には、建築費を抑えるために安普請で建て、利益をむさぼろうとする者や、通常ならば3階建てが正常な用途地域に、天井を低くした4階建て（高さは3階建てと同じ）、容積率を限界まで使った建物を作り、戸数を1戸でも多く確保して高利益を上げる者もいた。

桜木は、それらの業者が悪いとは思えなかった。むしろ、1つの考え方だと認めるところもあった。何のために商売をするかと言えば、利益を上げて会社を繁栄させ、社員の生活を守ることこそ商売の鉄則だからだ。きれいごとは言わない。それを取り入れるかどうかは経営者の判断である。

しかし桜木は、オーソドックスな建物にこだわった。将来を見据えた間取りや工法で建てた建物で商売をしたかったのだ。

ではなぜ、高利益が期待できるのに、その利益率を高める方法を取り入れないのか？

答えは簡単だ。これから先に予測される「供給過剰な賃貸市場」に適応していない建物は、新築時の入居は決まりやすいが、入れ替わり再募集時には、**急速に家賃の低下を招く**ことになるからだ。近い将来、所有者は収益減と稼働率の低下に悩むことになり、それによってローン返済に苦しみ、結果的に、売主を恨むことになりかねない。そのような事態だけは避けたいものだ。桜木は、「せめて建物への投資金額だけは、早期に回収してもらいたい」と考えていた。

桜木には、不動産業界に戻ってくる前の十数年の間に、利益を重視するあまりに顧客のことを無視したような、荒っぽい商売をしていた時期があった。

利益のみを追及するやり方は、のちに形を変えて桜木に襲い掛かり、その結果、3度もの倒産を経験してきた。たとえ法を犯していなくとも、自分勝手で相手のことを考えない商売は決して長続きしない、ということを過去の倒産経験から学んできたのだ。

不動産投資は、一般の人にとって高額な借金を背負うものである。失敗してしまうと人生が台無しになる可能性だってある。だからこそ、少しでもリスクを減らした上で今後に起こりうることも顧客に伝え、十分に納得してもらった上で販売するような商売をしたいと思っていた。そのため、桜木は時折、ジレンマに陥ることがあった。それは、自分の目指す商売と利益は、相反する場合が多々あるからだ。

しかし、不動産業者顔負けの強欲な客や、親の資産を引き継いだだけの富裕層の客には、その思いは浮かばなかった。「騙さなければいい」、その程度の感情しか持てなかったのだ。

ただし、真剣に自分の老後を心配し、不動産投資にたどり着いたような素人客には、一般的な不動産セミナーでは決して教えない投資リスクを丁寧に説明して、納得済みで販売しようと考えていた。

熟練の投資家であれば、投資における自己責任のルールを理解しているが、素人投資家の場合、将来の想定がどうしても甘くなるため、のちに起こる想定外の事柄に対処できないことが多いのだ。その結果、任意売却、競売物件として処理され、多額の借金だけが残ってしまうこともある。場合によっては、売主を恨むこともあるだろう。

これが地元で商売をしている桜木にとって、一番避けたいことだった。きれいごとを、あえて意識しながらの商売をする。「できなくなったら、商売をやめればよい」と思っていた。

桜木が新築マンション用地の仕入れに奔走していた2010年頃には、業者による仕入れの奪い合いで、段々値上がってきていた。また、翌2011年3月に、東北大震災が起きたことによって建築材料の高騰が始まり、それまで新築利回り9パーセントで仕上がっていた物件が、8パーセント近くまで下がってきた。そうなると、事業計画が思うようにならない。今までの利回り設定で販売すると、利益の確保が難しいのだ。利益が少ないということはリスクが大きくなることだ。

東京では、以前より低い利回りの物件が大量に出始めた。色々な影響があっても、商売の手を休めることはできないのだろう。そして、売れ行きが悪くなると、比較的建築費の安い木造で建てた低層共同住宅をマンション風にデザインした物件も数多く出てきた。

全国で3万件以上の物件が常時掲載されている**投資不動産のウェブサイト**をチェックしていると、世の中の情勢によって、供給される物件の微妙な変化を見ることができる。中古物件の流通速度の変化や新築物件の内容の多様化、掲載棟数の増減などを観察すると、同業他社がいかに試行錯誤しながら、需要の変化に対応しようと努力しているのかがわかる。また、投資不動産を扱う仲介会社の数の変動も、世の中の不動産投資熱をよく表していると思う。

投資環境激変の中で その4

商売のソフトランディングを見据え 高額物件を避ける

商品化できる新築マンションの計画に、少々手間取っていた２０１１年の冬を迎える頃、幸運にも、平成建築で内容のよい大型中古ＲＣマンションが、立て続けに転がり込んできた。利回りは、12パーセントと15パーセントである。

桜木は、このマンションに20年の全額長期ローンを組み、インカムゲインの上乗せを確保した。２棟で総額３億４０００万円の仕入れである。その賃料収入の合計は、年間４３００万円にもなり、ローン返済後に残るキャッシュフローは、毎月２００万円出ることになった。

リーマンショックにより、キャピタルゲインとインカムゲインを両立させようとする桜木の計画は、どうしても、キャピタルゲイン重視になっていたが、毎年１億円を上回る利益の計上は続けていた。

その頃の借入金額は、常に10億円を超えており、桜木の口からは、「商売のソフトランディング」という言葉がたびたび出てくるようになっていた。短い間に起こる世の中の変動に、先の展開が読みにくい時代になり、そのまま多額の借金を背負い続けることに疲れてきていたのだ。

桜木は、「急な手仕舞いをすると大けがをする」と思い、今後は、高額な投資物件は控え、商売を始めた頃のように1億円以下の投資金額に納まる物件に切り替えることで、「ストレスの小さい商いに移行したい」と考え始めていた。

不動産投資で失敗する要因は色々あるが、詐欺にでも合わないかぎり、投資の全額を失うことは決して起こらない。また、投資額の半分を損失するような確率も少ない。たとえば、1億円で購入した物件を5000万円で売却するのは簡単に感じるはずだ。2倍の高利回り物件になるのだから当然だ。だからこそ**慎重に取り組めば、損失を抑えられる投資**だと思うし、**身近で的確なアドバイスをもらえる環境を作ればとても心強い。**

投資環境激変の中で その5
需要と供給のバランスが崩れている 不動産の暴落も近い

続けて高利益の出る物件に恵まれてはいたが、狭いエリアで探していては、中々いい物件は出てこない。いくら金融機関に話をしても、食指の動く物件は出てこない。

桜木は地元にこだわっていたが、仲介会社の中には高利回りを餌に、九州から北海道まで地域にこだわらない投資家を相手に、地方物件を売りまくっている者も多くいた。

しかし、全国で空き家が深刻な問題になっているのにもかかわらず、なぜ投資家は、あえて空き家の多い地方物件を購入するのだろうか。リスクを感じないのか、桜木には不思議でならなかった。

２０１１年の後半には震災の影響もあり、建築費が高騰してきていた。今までの予算ではゼネコンも請けてくれなくなり、３割以上高めの見積額を提示してくる。これでは利回りが低くなりすぎて、桜木の望む計画が成り立たない。都内の様子はもっとひどい状態である。東北復興へ人手を取られ、人材確保が難しくなったために人件費が高騰。建材費と人件費のダブルパンチで、マンション建築費は軒並み上がっていた。

公共工事などの入札も不調が続き、工事未定のニュースが流れたりした。これまでのような事業計画が立てられなくなった中で、桜木は、任意売却の話に乗り、区分所有の中古マンションをリノベーションして再販したり、店舗付き一戸建てを買い取り、リフォームして再販したりするなど、リスクの少ない取引を行いつつ、慎重に世の中の動向を観察していた。

その後も建築費は一向に下がる様子を見せず、翌年には、東京オリンピック誘致の話が盛り上がってきた。

2012年末には政権も変わり、景気回復のために多額の資金が世の中に投入された。東京都内だけでなく、桜木の地元の土地価格まで上がり始め、特に駅近で、ワンルームマンションの用地に適した場所の価格は、3割以上も高騰していた。

しかし、一番の問題は家賃相場が下がってきていることだった。収益不動産投資において重要な要素は、**土地価格、建築費、家賃、金利**である。これらの要素のうち、「低金利」であったことを除くと、不動産投資物件を商品化するには、マイナス材料の揃い踏みである。

桜木の人脈を使って建築価格の調整をしても、原価利回りが今までの販売利回りにしかならない。銀行の融資を受けて購入しても、あまりに低い利回り物件となってしまう。これでは多額の自己資金を用意できる人か、相続絡みで節税を目的とした人にしか販売できない。

東京では、相続税対策を考える富裕層や中国人投資家によって、億単位の高級タワーマンションが飛ぶように売れていた。

しかし、桜木は常日頃から、「東京とほかの都市は違う。東京は動きの読めない特別区域であり、外国と同じ」だと考えていた。地方不動産とは変化のスピードと内容が違いすぎるのだ。

そして桜木は、駅近くで競争の激しい高額な土地をあきらめ、住環境のよい場所を探すことにして、マンション建築と比べて値上がりしていない木造アパート建築を主力にすることを考えた。

近い将来、狭いワンルーム間取りは必ず空室だらけになる。だからこそ生き残れるものにしなければならない。桜木は、1人暮らしの高齢者が住めるような設備と、若干広めの間取りを取り入れたアパートを建築することにした。自分の母親が居住している快適な老人ホームの間取りを念頭に置いていた。

日本の将来は、超高齢化社会と格差社会が待っている。介護は、社会の重要課題であることに間違いないが、数を比べてみると健常な高齢者のほうが圧倒的に多い。「年老いたら、広い居宅を売却して便利な場所でコンパクトに生活を送ったほうが楽しい老後になる」そう考える人は多いはずだ。

今後の日本の住宅政策は、「空き家の対処の仕方」が重要なテーマになってくる。これまで、「木を見て森を見ず」で行ってきた行政のつけが回ってくることは間違いない。しかし、桜木の元には、相変わらず関東一円から投資用の販売物件の問い合わせが殺到している。老後の生活の不安から、不動産投資を検討している素人客が仲介会社に大勢登録しているのだ。

それらの人々は皆、自分の希望する「予算」「利回り」「物件の種類」などを、投資物件を扱う複数の不動産会社に伝えている。しかし、**現在の市場には、素人が借金して購入しても、「ババを引き、後悔するような物件」しか出回っていないのだが……**。

よい物件情報は、一般客の目には届かない。ほとんどが、これまでに取引実績のある富裕層などの特定の客へと売却されているのだ。だからこそ、「**素人が手を出すときではない**」と言いたい気持ちで一杯であった。

大半の収益不動産は、この先、5年前後で必ず暴落する。需要と供給のバランスが、10数年も前から狂っているのだから当然のことだ。作り過ぎた農作物が値下がりするのと同じことが不動産にも起こるのだ。

農作物ならば年単位で生産調整できるが、作り過ぎた建物は、**短期間で調整**

できるはずがない。こういう時期に泣きを見るのは、必ず素人投資家である。

商品は、欲しがる人が多ければ多いほど値が上がる。これは、収益不動産だって同じである。一般投資家が全員揃って無視すれば、1年後には投資不動産の価格は3割位下落すると思うのだが、これはどうも無理な話のようである。

投資環境激変の中で その6

暴落後も生き残れる物件を目指す

桜木がイメージした「環境がよく、1人暮らしの高齢者でも快適に住める場所」が見つかり、建築を始めたのは、東京オリンピックの誘致が決まった2013年のことだった。その土地は変形地のため、相場の7割程度の価格で手に入った。徒歩5分以内にはショッピングモールがあり、そのほかにも病院やレストラン、コンビニ、郵便局などもあって、駅までの距離が徒歩15分ということを除けば、生活をするには最適な場所であった。

建物は1DKを8戸にし、設備は小さなファミリータイプのものを設置した。

また、エントランスにはオートロックをつけ、変形地を利用して中庭も造った。これならば1人暮らしでもゆっくりと安心して過ごせる。通りから見ると大きな一軒家のようである。これで従来の木造アパートとは大きな差別化ができたはずだ。完成時期は2月で、入居募集にはいいタイミングだった。

募集を始めると2週間あまりで満室となった。若い新入社員が多く、女性が半数以上を占めていた。その多くは親が一緒に見に来て、安全性や住環境のよさ、設備などを気に入って申し込んできたのだ。

桜木は自分の読みが当たり、今後の事業展開に自信を深めていた。

しかし、この物件のケースは、たまたま土地の仕入れがうまくいっただけであり、一般的な土地の価格で仕入れていては利回りが成り立たない。実際に、その後は、このような好条件が揃った土地は手に入らなかった。

頭を悩ましている桜木の元に、隣の駅前にある小さな土地がアパート用地として持ち込まれた。高い坪単価と面積で判断すると、アパート計画は成り立たなかったが、用途地域が近商地域であり、容積率が300パーセントもあった。

この容積を生かせれば、土地の価格が安くなることと同じだ。桜木は、ゼネコン時代に携わった分譲マンションの計画を思い出し、設計事務所に容積重視で建築プランを立てさせた。

最寄りは、小さいとはいえ主要駅の隣駅である。それに駅徒歩1分の近さだ。桜木は、「東京への通勤する人にとって、安い賃料とこの立地は魅力だ」と考え、「隣の主要駅周辺では設定できない賃料で勝負できる」と予想した。「部屋には眠りに帰るだけだ」という人に合わせるように、狭いワンルームを2階から4階に作り、1階はテナント用とした。エレベーターも設置せず、戸数を1戸でも多くする計画である。

完成後の募集でテナントはすぐに決まり、住居は、すべて法人契約で埋った。どの企業も社員に対する高額の家賃補助を嫌っていた。そこに主要駅周辺より1万5000円も安い新築マンションが現れたため、新入社員用として申し込んできたのだ。

この事例は、建築費の高騰はどうにもならないが、**容積をうまく利用するこ**

とで土地の負担割合を抑えた形になった。このマンションはすぐに満室になり、立地もよいことから、つき合いのある信用金庫が自分の顧客に紹介してくれて、2か月後には利回り7・5パーセント、満室の状態で売却することになった。

もともと桜木は、この物件を自分自身の老後を意識して最後まで所有しておくつもりだったのだが、商売のことを考え、金融機関とのつき合いを優先してしまった。


建築費の高騰は、オリンピックの開催まで続くだろうし、土地価格も下がらない。株価が高いことだけが生命線の今の政権運営は、しばらくの間はどんな手を使っても好景気を装うだろう。桜木の住む地域には、好景気の感覚は全くなく、「今の東京一極だけの好景気の演出は、オリンピックの手前で破綻する」。桜木はバブル崩壊の様子を思い出していた。

バブルの渦中にいたときには、あらゆる感覚が麻痺していて、そういった感覚はなかったが、今回ばかりは外野目線で見ているようで、その危うさがよくわかる。桜木は、「長く携わった業界のバブル崩壊をもう一度見てみたい」と周辺に漏らすようになっていた。

今の状況は、所詮、金儲けの欲に目が眩んだ連中が作り上げた幻想である。一握りの人間が得をする世の中なのだ。桜木は、自分の思い通りの計画が立てられないことに疲れてきていた。

不動産投資の先行きに不安を感じながら、桜木は情報収集のアンテナだけは張り続けていた。保有物件も残り5棟になって、桜木が目指した「護送船団方式」による安定安全経営は夢となりそうだ。

第五章

実例　収益不動産のさまざま

建築基準法違反物件

サブプライムローン問題の発生からリーマンショックまでに、桜木が売り抜けた中古物件の中には、それほど深く考えずに仕入れた「建築基準法違反物件」も数棟あった。

どの建物も「建蔽率違反」「容積率違反」「用途変更における建築基準法違反」である。たとえば、事務所用テナントビルだったものを、建築申請せずに住居用マンションに改築したり、賃貸マンションがテナントビルへ変更されている物件もあった。

これらの物件を大手銀行に持ち込んでみても、一般投資家への融資は受け付けてくれない。そのため、地方銀行や各信用金庫に持ち込まれるが、こちらも「融資しない」あるいは「条件が厳しい」ことが多く、最後にはノンバンクのような高金利で、耐用年数無視の長期ローンを組む銀行に持ち込まれた。

ただ、金融機関は、いつも同じ対応をするとはかぎらない。自社の都合で審査を緩めたり、厳しくしたりする。表向きの言い分は判で押したように同じだが、慣れてくると相手の表情で読み取れるようになるものだ。

桜木は、自分の仕入れた物件を「どこの金融機関に持ち込めば有利な条件を引き出せるか」を常に考えていた。

短期売買のプロジェクトの場合は、金利よりも融資額を重視し、各金融機関からの融資残高のバランスを取りながら、1つの銀行に偏らないようにしていた。メインバンクを作らないようにするのが狙いだった。

金融機関は、顧客に対しての融資枠を勝手に設ける。そして、それを超える額になってくると急に審査が厳しくなる。だからこそ、小さな会社が多くの借入れをするには、複数の金融機関と取引をしておくことも必要だった。実際、桜木は投資期間中、都市銀行、地方銀行、信用金庫の計11行とつき合っていた。

桜木が手掛けた建築基準法違反物件の中には、前の所有者が好き勝手に建物を改築し、建築確認申請時とは全く違った建物に変身している建物もあった。

ある物件は、大病院に隣接しており、6階建ての住居用マンションとして建てられたものだったが、内見すると2、3階は入浴施設に改築され、1階には飲食業のテナントや営業事務所などが入っており、とても不思議な商業ビルに変貌していた。

桜木は、いったん購入を躊躇したが、立地のよさと担保評価が販売価格を大幅に上回っていたこともあり、試しに大手銀行へ持ち込んでみることにした。銀行が融資を拒否すれば契約を断るつもりであった。

意外にも銀行は、桜木の会社に対する融資残高を増やしたかったのか、すぐに融資を承諾した。

ところが、決済日（桜木の支払日）が近づいても、どういうわけか担当者が融資額をはっきりと言わない。決済日は1週間後に迫ってきている。担当者の応対が不安になった桜木は、支店長に直接尋ねてみた。すると、とんでもないことが判明した。その担当者は、桜木の融資案件を上司に報告しておらず、自分の机に書類をしまい込んで何も処理されていなかったのだ。こんなバカな話はない。

桜木は、この物件に対して1億円の融資を受ける予定だったが、このままでは手持ちの現金で決済をしなくてはならない。

そのとき、事態を重く見た支店長が言った。

「自分の権限で半分の5000万円の融資をしますので、残りは手持ち資金でお願いできませんか？」。

桜木は、担当者の不始末を責めることはせず、支店長の申し出を受けることにした。

後日、その担当者がノイローゼになっており、多くの取引先に迷惑をかけていたことが判明したとのことだった。

こうして多額の自己資金を投入しなければならなくなった物件は、さらに、自己資金から2000万円のリフォーム費用をかけて、1階のテナントを残し、2階から6階までは住居用の部屋に戻すことにした。

この物件は、桜木の知人である地元企業の経営者に、原価で譲ることにした。

その理由は、物件に投入して眠ってしまった7000万円の現金を回収したかったからだ。

銀行融資は、本当に慎重に取り組まねば何が起きるかわからない。土壇場で融資を拒否され、多額の契約違約金を払って解約したという同業者の話も聞いている。彼らは皆一様に「銀行に梯子を外された」などと言っていた。不動産取引を続けるためには、できるだけ手元の資金に余裕を持たせておきたい。一般投資家は、**融資条件付き契約**にすることを絶対に忘れてはいけない。

違反物件の中には、桜木自身が下請けに指示を出し、大規模な改築をしたものもあった。それは、倒産した会社が所有していた半地下付き3階建てのビルで、2500万円の費用をかけたリノベーション物件だった。

そのビルは、すべてのフロアを単独で使用しており、配管や配電関係の設備が切り分けられていなかったので、これを各戸に振り分けられるように工事した。また、半地下をバイク専用の駐輪場と倉庫として使用できるようにし、1

階をテナント事務所として切り離し、2、3階をワンルーム10戸に改築した。

このリノベーションにより誰も見向きもしなかった建物が「バイク愛好者専門のテナント付き賃貸マンション」に変身したのだった。ワンルームは、大手の賃貸会社が全室を借り上げてくれた。また、1階のテナントには大手通信会社の営業所が入った。本来ならば改築規模からいっても、用途変更のための申請や消防関係の届け出などが必要だった。

桜木が自ら違反建物にした物件は、この建物を含めて3棟である。桜木は、この建物を長期間所有する気でいたが、高利回りであることに惹かれた投資家から何度も頼まれたので、2年後には売却することにした。もちろん、状態を正確に知らせた上でのことである。

東京エリアの不動産業者の中には、あまり法的なことを気にしない業者もいて、中には、「所有者がやったことには行政もうるさく言わない」などと、適当なことを言う輩もいた。実際に、行政によって取り壊し処分を受けた話は少なかったが、是正処分を受けた物件は数多く見てきた。その場合、ほとんどが周りの人や業者の通報によるものである。

良心的な商いを心掛けている桜木にとって、少し気になることではあったが、金融機関の事情によっては都合の悪いことに目をつぶり、融資に応じるところもあるのが実情だ。

違反物件は、厳密に審査すればすぐにわかる。金融機関の審査は現地の写真を撮り、周囲の環境や近隣の家賃相場を調べ、収益還元法、積算価格を参考に稟議書を本部に上げる。その資料の中に、建築確認通知書や建築完了検査済書を要求するのは大半が大手の銀行である。そのほかの金融機関の中には、融資残高を上げるため、あえて詮索せずに融資を実行してくれるところもあった。

ただ、販売するときには気を使うことが多く、桜木は、投資経験の少ない申込者には断りを入れるようにし、プロの投資家が申し込んでくるのを待って売却した。そして、最後の違反建築物の付いた物件を売却したあとは、2度と違反物件を仕入れることはなかった。

掘り出し物件

世の中がリーマンショックから抜け出そうとしている2010年頃、金融機関も冷え込んだ融資を盛り返そうと動いていた。そのため桜木の会社には、銀行関係の人間が頻繁に出入りしていた。

桜木は、金融機関の人間が来ると必ず、「抱き合わせ融資」の話をした。融資をしたければ「いい物件」を紹介し、その物件に融資付けすればお互いに助かる、ということだ。金融機関には少なからず任意整理したい案件があることを過去の取引から知っていたのだ。これらの物件は、特定の業者にしか任意売却案件として回らない。つまり、日頃のつき合いが大事なのである。競売になってしまうと、債権者と債務者双方にとって満足のいく結果にならないことが多い。もちろん、気分のいいものでもないだろう。

まず、話を持ち込んできたのは地域大手の地方銀行だった。ある資産管理会社の物件で、「相続を控えているので、資産の入れ替えをする」と言う。

この物件は、バブルの頃に建設された高級仕様のRCファミリーマンション5階建てで、その界隈では目立つ物件である。桜木は、利回りの悪いファミリー物件を購入の対象としてはいなかったが、この物件は違った。

売主の希望価格は1億5000万円で、利回りは10パーセントになっていたので、普通に考えれば飛びつきたくなる話だ。

しかし、桜木が物件を調査してみると管理状況が悪く、空室も多い。購入後には高いリフォーム費用をかけなければならないことを考え合わせると、とても出せる金額ではない。そこで、思い切って5000万円の指値をしてみた。

相手が渋るのを覚悟はしていたが、数日後には「了承」の返事が来た。驚いたのは桜木と物件を紹介した銀行だった。1週間後には、相手の会社の応接室で売主と顔を合わせることもなく事務的に契約が終了した。

実際には、購入後のリフォーム費用は200万円ほどで、簡単な空室の内装工事で済ませた。これで約15パーセントの利回り物件が手に入ったのだ。

桜木は、すぐに管理会社を替えて、自分は、空室を埋めることに専念した。

一般的に、ファミリー物件の場合、空室を埋めるのに時間がかかることが多いが、いったん入居すると、ワンルームが2年位なのに対して、平均6年位の入居期間である。賃貸仲介会社を通して、募集には通常の2倍の広告料や客付担当者ボーナスなど空室を埋めるために考えられる手を打った。

そして、3カ月で満室になったあとは、インカムゲインを得ながら売却のタイミングを計ることにした。市場では少ないファミリー物件でRCである。法定耐用年数は28年も残っている。桜木は、「3年間保有しても売却価格は10パーセント利回りで、業者向けのレインズに登録するだけで苦労なく売却できる」と考えていた。

そして2年後、レインズに登録してわずか1時間後には、物件を見ていないにもかかわらず、資料のみで購入するという申し出が2件もあり、翌朝には、桜木の会社の前に、「購入申込書」を持った仲介会社の社員が立っていたのだった。桜木の思惑通りになった。

申込者は、大手企業の金融監査を専門とする会社の役員で、投資関係の「プロ」を自認しているという、東京在住の40代の人であった。

夜中に都内から車を飛ばして物件を確認し、すぐに購入申込書を出したとのこと。「融資は大丈夫だから自分に売ってくれ」と言っているそうだ。桜木は、「この人は、プロを自認しているのだから、あとで何も泣き言は言わないだろう」と思い承諾した。数年後には大掛かりな修繕が必要なのはわかっていたので、本来ならば、申込者に伝えたいところではあったが、彼は素人ではなく、あまりに「プロ」という言葉を連発するような人だったので、黙って契約を進めた。あっと言う間に5000万円の売却益と2年間の家賃収益を得たことになる。

さて、その3年後、その物件は大掛かりな修繕をして売りに出されていた。桜木から買った価格に3000万円を上乗せして、転売をしようとしていたようだ。

その物件と重なるようにして、銀行を通じて2億7000万円、10パーセント利回りのRC複合マンションが、桜木の元に持ち込まれた。

銀行は、「桜木の会社は、早期に借入返済が行われることが多いので、次の融資は長く借りてもらいたい」と長期融資を持ちかけてきた。桜木は銀行の意図を汲み、その申し出を受けることにした。瑕疵担保なしで購入するという条件を伝えて価格交渉をすると、３０００万円の指値が通り、２億４０００万円で契約することができた。利回り12パーセントの物件が手に入ったのだ。最初から満室だったので、20年ローンを払っても半分が残る計算だ。この物件だけで月に１２０万円が手元に残った。

桜木は銀行との約束通り、長めに保有することを考えていた。しかし、翌年、あの東北大地震が起きてしまった。桜木の地域でも震度6を計測し、人が立っていられないほどの揺れである。

桜木は地震の揺れが落ち着いた頃、急いで所有している物件を見て回ったが、幸い、どの物件にも目立った傷みはないように見える。中には地震の翌々日には引き渡す予定の新築アパートもあった。

桜木は翌日も早朝から、電車もバスも動かない状況の中、タクシーを捕まえ、

3時間かけて決済場所の銀行へ向かった。買主も銀行の担当者も驚いた顔をして桜木を見ていた。不動産の売買においては、「お金を受け取るまで気を抜かない」という、桜木の経験がさせた行動だった。

桜木の所有する物件は、どの建物も表向きは地震の影響を受けていないように見られたが、しばらくすると、一番大きなRC物件に問題が出てきた。雨漏りが数カ所に発生したのだ。長期所有を決め込んだばかりの物件である。

桜木はゼネコンに頼み、その複合マンションを徹底的に被害調査し、修繕することにした。大手に依頼し、多額の費用をかけたことで安心できる状態にはなったが、桜木は早めの売却を考えることにした。

それは、RC物件は、築後30年に近くなると売却が難しくなり、思った以上の価格では売れないからだ。その時点で、その物件は22年を過ぎていた。5年間の保有を考えていたが、地震のあと急に手放したくなったのだ。長年の勘のようなものだ。

１年半後には、修繕履歴を見て気に入ったのか、不動産ファンドのマネージャーをしていたという投資の専門家に、５０００万円の利益を乗せて売却することができた。１年半の所有で、３５００万円の家賃収益と合わせて約８５００万円の利益だった。後日わかったことだが、この物件は4年後、桜木の売却金額に７０００万円が上乗せされて市場に出ていた。上には上がいるものだ。

新築マンション（現金取引）

桜木が販売した客の中で、「現金を運んで来た人」が１人だけいる。その人の素性は詳しくわからなかったが、仲介業者が大手であり、現金で決済するということで契約することにした。

他県の人でかなり忙しいらしく、仲介業者が双方に出向いて行きサインする、持ち回りによる契約であった。手付金である１０００万円の受け渡しも、東京駅構内の喫茶店で行った。店はかなり混んでおり、隣の客と肩が触れるほどの状況の中、仲介業者から金額の確認を頼まれ、むき出しの現金を数えたのが印象的だった。

残金決済のときも、銀行内の小さなテーブルを借りて受領を行った。現金を貸金庫に保管していたようで、銀行員2人がかりで、2億円に近い現金を汚れた紙袋に小分けして運んできてくれた。

その人は「すぐに確認してくれ」と言ったが、4つの紙袋に無造作に詰め込まれていて、どうにも確認する気にならない。結局は、見かねた行員が機械で確認してくれることになった。よく考えれば、預金でもない金を数えるのだから面倒なことだったであろう。しかし、おかげで時間の短縮になり、30分ほどで終えることができた。

この人の正体は、最後までわからなかったが、「投資物件を現金で購入し、タイミングをみて売却するのが好きだ」と言っていた。その2年後には、3000万円を上乗せした価格で販売に出しているのだから納得だ。

新築ビル・マンション（1棟販売）

桜木が手掛けた投資物件は、全部で39棟あった。その中に新築のビル・マンションは13棟である。経済状況の変化や同業者の参入などで、リスクが高まってきた中古物件の仕入れに苦労するよりも、「自分で企画、販売したほうが納得できる商品を供給できる」と考えたからである。

そして、新築物件を扱ってみると、中古物件を購入する顧客とは客層が全く異なっていることに気づいた。一般的に、新築物件をローンで購入する顧客には富裕層が多い。おそらく動かせる資金や余裕資金、収入などが多いのだろう。

当然ながら、金融機関のほうから融資を頼むような人が多い。金融機関が富裕層を奪い合っているといったところだ。

新築マンション・ケース1

「利回りパーセンテージ」

桜木にとって最初の新築マンションの購入者は、都内の会計事務所を兼ねる不動産コンサルタント会社の仲介だった。

その会社は、会計事務所を経営しながら、節税をうたい文句に不動産セミナーを開き、富裕層の囲い込みをしていた。コンサルタント先の財務内容を熟知しているので、仲介の苦労は少ないようだ。また、購入者も信頼した表情で契約に応じていた。

販売した物件は、駅徒歩2分、近隣商業地域の地区計画がある、4階建てテナント付きのワンルームマンションだった。容積率は300パーセントで北道路に面している。

購入者は、消費税還付を受けるために、「先に自動販売機を置き、1カ月後から入居者の募集を始めたい」そうだ。桜木には消費税の還付方法が理解できなかったが、「未入居の状態で残金決済したい」という申し出を受け、完成と同時に引き渡すことにした。

想定利回り8パーセント、1億2500万円で販売したこの物件の利益は、1500万円だった。桜木は、「時間をかけた割には少ない利益だ」と思ったものだ。

仮に7・5パーセント利回りで販売していれば、利益は2300万円を超えていただろう。桜木は、このとき、「利回りパーセンテージ」の数字のマジックにおもしろさを感じた。わずか1パーセントの中に、すべての要素が詰まっているのが収益不動産投資なのだ。

新築マンション・ケース2
「建築確認図面」

次に手掛けたのは、かなりやっかいな物件だった。主要駅から徒歩7分の立地ではあったが間口が狭く、隣地に開口部を取ると、1階居室が建築基準法上必要とされる採光が確保できない。また、道路面に部屋を向けると、用途地域の関係上、日影規制と道路斜線の問題があり、戸数が取れないのだ。

その頃世間では、「ＳＯＨＯ」と呼ばれる小さなオフィスが流行っており、この新しいスモールオフィスの賃貸形式ができていた。桜木は、その形式に目をつけ、開放部を隣地に向けるプランを選択した。

桜木は設計士に、1階の部屋は採光計算が不要な事務所として建築確認申請を提出させ、いったん完了検査や消防検査を通したあと、その部屋に風呂とキッチンを取り付け、通常のワンルームに仕上げることにした。

建築確認図面と実際の施工図面の2通りの図面があるこのマンションは、何の問題もなく、ベテラン投資家に売ることになった。新築物件を希望する投資家に共通するのは、「立地のよさ」なのだと、桜木は再認識したのだった。

新築マンション・ケース3
「建築協定」

新築マンションを建築する際、地元住民の反対にあったことがある。それは、駅徒歩6分にあった古アパートの跡地に建てた物件で、駅前が再開発の進行中だった。この地域は、地域住民の建築協定で「新規の共同住宅建設は認めない」とされていたが、元々アパートが建っていたため、桜木は、気にすることなく購入した場所だった。

事前の近隣挨拶の際、年老いた住民の反応はひどいものだった。40年も前に、一部の地域住民で決めたという「建築協定」を持ち出してきて大反対したのだ。そこで桜木は、市の建築指導課に足を運び、地域の事情を聴いてみることにした。するとこの問題は、歴代の担当者が何代にもわたって引き継いできた難問のようで、現担当者も困っているのが見てとれた。

建築協定では、物件を相続した人は自由に分筆（1つの土地を法的に複数に分割すること。分筆された土地には新たな地番が付き、独立した土地として登記される）できないこと。また、２階建て以下の個人住宅以外は、建築を禁止することなどが決められていた。

この協定に従うと、売却しようとしても、ほぼ買い手が見つからないことが予想されるような内容だった。誰でもトラブルは避けたいものだ。場所はいいのに売買が少ないのも納得の地域だった。

以前、市議会で、その建築協定を無効にしたそうだが、20年近く経った現在でも、一部の強硬な住民の訴えで揉めているそうだ。

事実、桜木の会社には、「地区の代表」と名乗る、いずれも70代の気難しそうな老人たちが押しかけてきた。応対すると、「個人住宅以外の建築を止めろ」と言うばかりで全く話にならない。

彼らが、「地区全員の総意だ」と言い切るので、桜木は、地区の住人に聞いてまわってみた。すると、半数以上の住人が、「本音では困っている」と言うではないか。その人たちは、口うるさい老人たちに面と向かって反対することに躊躇していたのだ。問題が自分たちの「事なかれ主義」であることがわかっている様子だった。

桜木は建築確認を取り、RCの3階建てワンルームマンションを建て始めた。しかし、一部の住人が文句を言うだけで、建築指導課も大半の住人も何も言っては来ない。予想通りである。

後日、興味深いできごとがあった。建築指導課の担当者の1人が、「実は感謝している」と桜木に告げたのだ。40年前と比べて周囲の環境は明らかに激変している。老人たちの強硬姿勢に多くの人が辟易していたので、桜木の行動でよい前例ができたということだろう。

この物件は、駅との間に県内で最大のショッピングモールが建築中であり、将来性は問題にならない。そのためか、建築途中から大手銀行の紹介で購入者が決まった。それは、県内でもよく知られた企業の、創業者の資産管理会社である。

さて、この話には後日談がある。その地区で同じ問題が起きたそうだ。そのとき、桜木の事務所に市の職員が訪ねてきたことがある。彼の用件は、「建築協定に反対している住人を教えて欲しい」という内容だった。相変わらず老人たちは、頑張っているようである。

新築マンション・ケース4
「原価を抑えたマンション」

この物件は、最初に手掛けたマンションの近くで、駅徒歩3分という立地だった。建築費をできるだけ抑えるため、屋上に安価で雨仕舞いもよい折板を取り入れた。ただし、外観の見栄えが安っぽいため、折板の見える部分をパラペットで仕上げた。重量も軽くなって杭工事代も安くなり、全体的に原価を抑えたマンションができあがった。

この物件は、賃貸業40年というベテラン投資家が表面利回り8パーセントで購入していった。この投資家は、貸家を含め35棟もの物件を所有する大家さんで、すべての物件を自身で管理しているそうだ。

当初は、大手の管理会社に任せていたらしいが、あまりに高い請求が来るので自分で管理するようにしたのだそうだ。その後は、水道のパッキンの交換まで自分で行っているそうで、その結果、年間５００万円の経費節減になったと言う。

その後も彼は、桜木の売り出す物件の情報を欲しがり、別の新築アパートも買ってくれた。桜木は、「賃貸業専門のプロ」に認めてもらったようで非常にうれしかった。それ以降も、「ぜひ彼の期待に応えたい」と思ってはいたが、地価や建築費の高騰で満足する物件は提供できなかった。とても残念である。

新築マンション・ケース5

「需要と供給のバランス」

桜木の頭には、新築物件を販売するときの表面利回りに対するこだわりがあった。立地にもよるが主要駅周辺の場合は、マンションで7・5パーセント、アパートで8パーセント。小さな駅周辺の場合は、マンションで8パーセント、アパートでは8・5パーセント。これ以上で販売できないような案件は扱わないと考えていた。

このこだわりが強すぎて、次第に用地の仕入れに苦労するようになり、建築費の高騰や賃料の設定が下がってきた頃には、年間に2棟を手掛けるのが精一杯であった。

そんな状況の中で取り組んだ物件は、主要駅から徒歩7分の国道沿いにある変形地であった。周辺の相場より安い価格で持ち込まれたが、それは「土壌汚染」が原因だった。

聞くと、これまでにも何度か「契約寸前まで話が進んだことがある」と言う。確かに用地仕入れの担当者であれば飛びつきたくなる物件だ。しかし、桜木が土壌汚染の調査表を見てみると、地盤改良材の影響で六価クロムが基準以上の数値を出していた。

売主は上場会社であったためか、必要以上に神経質になっていた。売買後の瑕疵担保で争うことを危惧しているようだった。そこで桜木は、土壌汚染処理費用を考慮した金額で、相手の瑕疵担保免責条件を付けて契約することにした。桜木の知人には、以前の建売事業の宅地造成工事の際に協力してくれた、土壌汚染処理業者がいた。その業者に無理を言い、通常の7割ほどの料金で処理をしてもらえることを確認した上での仕入れだった。

この土地に建てたのは重量鉄骨造りの3階建てワンルームマンションである。変形地を生かしたプランは、道路面からは段々畑のように見えるモダンなマンションになった。

桜木は、2年前にも同じ町内で、同じタイプのマンションを手掛けていたので、賃料設定には自信があった。そこで強気な設定をしたのだが、募集してみると中々入居者が決まらない。

完成時期が悪く、募集のタイミングを外してはいたが、あまりにも悪すぎるので、桜木は周囲の賃料相場を再調査してみた。すると、同地域には、2年間の間に10棟近いワンルームマンションが建てられており、知らないうちに激戦区になっていたことがわかった。

もちろん賃料も1割程度下がり、空室が目立っていたのだ。

そこで桜木は、完成した直後のまだ入居者が少ないうちに、全館オートロック工事に着手した。

費用はかかったが、この工事によって周囲のマンションとの差別化ができ、賃料を若干下げるだけで満室にすることができた。

この物件は、子ども2人に残すための相続案件として、ある資産家に売却した。しかし、相続する予定の子どもたちは、決済まで1度も物件を見ることはなかった。

このように、需要と供給のバランスが崩れると、たとえ駅近の物件であっても、入居者の獲得に苦労する時代がきたのを実感した物件であった。

新築マンション・ケース6

「主要駅周辺物件との賃料勝負」

主要駅近くも激戦区になって、用地の仕入れが益々厳しくなっていた頃、隣駅から徒歩2分の用地が持ち込まれた。

この用地は、木造住宅を建てる客との契約が1度は完了した物件だったが、仲介会社が防火地域であることを説明せずに契約したために、建築費が大きく変更になることが判明し、白紙解約になった物件である。そのため、周囲の相場よりも安く買うことができた。

駅近な立地を生かし、戸数を1戸でも多く取るプランにした。通常ならば9戸の3階建てマンションが妥当であったが、桜木は、狭い部屋の4階建てにした。戸数は12である。

駅に近い有利性と妥当な賃料が評価されたのか、社員に対する住宅手当の負担を軽減したい企業との法人契約が次々と成立し、完成1カ月後には満室となった。

もちろん、新築、オートロック付きという条件も、採用された大きな要因だっただろう。

主要駅近くで同等の物件を探した場合、賃料が1万5000円は高くなる。逆に同じ家賃で探そうとすると、駅から徒歩15分以上離れた物件となってしまう。「主要駅の隣で徒歩2分であれば、この競争に勝てる」と考えた桜木の読みは当たったのだ。

この物件は、取引先である地方銀行の支店長の紹介で、地元企業の経営者に表面利回り7・8パーセントを確保して販売することができた。この物件を手掛けた頃には、桜木は、建築費と用地取得費の高騰で、納得できる商品を供給することが難しくなってきたことを強く感じていた。

ラッキーな仕入れに頼っていては、安定した経営は続かない。しかし、なぜかほかの業者のように富裕層に絞って、低い利回り物件を供給したいとも思わなかった。

桜木は、新築1棟販売事業の集大成になるような案件を探すことにした。

新築木造アパート

マンションの計画が立てづらくなり、しばらく用地の仕入れを控えていた頃、主要駅の隣駅に近い建売用地が2区画売れ残り、返済期限が迫った業者が桜木へ売込みに来た。マンション建築には、「道路幅が狭い」「使える容積が小さい」などの厳しい条件だったが、総額が安く収まる木造アパートで計画を立てることにした。

その結果、木造建築費の安さが容積を使えないマイナスを補い、その場所では木造アパートのほうが、マンションより高利回りに仕上がることがわかった。

桜木は、近隣物件との差別化を目指し、高級な外壁を使用して見た目をよくし、エントランスを設けてゆとりを持たせるアパートを建ててみた。

それまでのアパートと言えば、安普請が一目でわかってしまうものが多かった。一部、ハウスメーカーが相続絡みで建てた建築費の高いファミリー向けのアパートはあったが、ワンルームには、高級感のある建物は少なかったのだ。

そのアパートは、駅だけでなくショッピングモールも近く、少し高めの家賃でも早めに満室になった。

しばらくすると、東京の業者から連絡が入り、「仲介したい」と言う。なぜ、このアパートのことを知っているのかを聞いてみると、その営業マンは、通勤途中に建築中のアパートを見て、「自分の顧客が探している要件にピッタリだ」と思ったそうだ。売却の値段を決める前から購入の申し込みが入るとは、新築アパート販売もおもしろいかもしれない。桜木は、低予算で収まる小規模マンションとアパートの両方を視野に入れ、今後の仕入れを考えるようになっていた。

1棟目の新築アパートは、横浜の不動産投資家への売却で終わった。買主は、「決済まで仲介会社の見せる物件写真しか見てない」と言っていた。物件の選定を一任するのだから、余程の信用を得ていた営業マンだったのだろう。

過去にも物件をよく見ずに契約する投資家はいたが、一度も見ずに引き渡しを受ける客は初めてであった。

あとでわかったことだが、交渉に時間をかけて買い損ねている客が信用できる営業マンに「条件が合えば一任する」といった決断の早い方法を取ることが多くなったようだ。それだけ市場にいい物件が少なくなってきていたのだろう。一般的に、投資家の希望する条件はほとんど変らないので、条件に合った物件が出るとスピード勝負になることが多い。

続いて仕入れたのも主要駅の隣駅で、徒歩2分の用地であった。貸駐車場として使用していたため見た目に問題はなかったが、桜木は過去に、建売事業で何度か地盤の問題で苦労してきたこともあり、地中埋設物に対しての特約を付けた契約にした。

そうして、決済までに地盤調査をしていたときのことである。地中に調査杭が入って行かないのだ。試堀をしてみると大きな石がごろごろ出てきて、その量は4ｔトラック10台分にもなった。わずか60坪の敷地である。すぐに売主に現地確認をお願いし、撤去費用を負担してもらうことになった。

用地を仕入れる際には、建物の解体と共に、最大の注意を必要とするのが地盤調査だ。処理に余計な費用がかかれば、あとの利回りに大きく響くのは明らかである。

さて、新築アパート2棟目となったこの物件は、駅は近いが家賃相場が低く、ゆとりある広さは望めないために戸数重視で計画した。ただ、アパートの激戦地域でもあるため差別化を図りたいと考え、内外とも高級仕様で仕上げた。

このアパートも、以前に新築マンションを購入してくれた人が、完成前に申し込んできた。彼は、アパート経営のプロで、30棟以上の物件を所有している。所有物件の大半が古くなったために減価償却費が下がり、利益が出すぎてしまうので、「節税目的も兼ねて新築物件を購入するのだ」と言う。この人は、その後も定期的に、新築物件の情報がないかを問い合わせてくるようになった。

桜木の客には2棟目、3棟目を要求してくる投資家が数人いた。しかし、新築木造アパートの商品化をしようとする試みにも、中古物件と同様に同業者がすぐに参入してきた。考えることは皆、同じなのだ。

アパート用地も次第に仕入れづらくなってきた。顧客はプロの投資家である。中々彼らを満足させる物件を提供できる状況ではない。土地も建築費も上がってきている。ましてやワンルーム賃貸相場は、年々下がってきていて、収支計画を立ててもおもしろくない数字しか出てこない状況である。これではプロには勧めにくい、低利回り物件ばかりになりそうだ。

同業者の中には、想定家賃を相場より高く見積り、見てくれのよい想定利回り物件として販売している会社もあった。しかし、そのような家賃設定は、入居募集が始まれば、すぐに「甘い想定」であることが露見するのは明白だ。このような業者は、高い家賃保証を条件に、銀行からの紹介客へ相続案件として販売しているようだった。

高額家賃保証が長く続くことを願うばかりだが、借り上げ保証契約の家賃の改定は、２年ごとの見直しになっているケースが多い。最初の家賃保証が長期間守られるのは非常に稀である。ほかにも条件として、定期的な高額なリフォーム費用が要求される場合もある。

所有者のほとんどが資産家なので致命傷にはならないが、一般の投資家の場合には注意が必要だ。完成入居前の想定賃料を信じて契約することや、安易な一括借り上げ保証契約は避けたい。完成前に契約をするのなら、満室引き渡しの条件付き契約が望ましい。それに加えて、契約時の利回りを下回る場合には、売価の減額を特約に入れておくぐらい慎重であって欲しいものだ。スタートから躓くと、「こんなはずでは」と感じてしまい、その後の生活まで心配になってくる。

その点、桜木の賃料設定は、数社の賃貸仲介会社の設定賃料を元にしたもので、あとから募集賃料を下げることは一度もなかった。**計画通りの運営がスタートする物件であること**、そして、**営業トークと実態が一致すること**。これが信用の第一だと、桜木は常に考えていた。

新築1棟販売（集大成）

２０１３年の春、都市銀行傘下の不動産会社の幹部社員が、主要駅近くの商業地域の物件用地を持ち込んできた。それまでに桜木が扱った物件は、新築物件で４階建て、中古物件で６階建てまでの比較的小ぶりな物件ばかりであった。しかし、その土地の並びには、10階前後の建物が建ち並んでいた。

桜木は、この物件を何としてでも成功させて、以前から考えていた「会社のソフトランディング」を実行しようと思った。この土地は、広い幹線道路に接道しており、容積４００パーセントを使える商業地域の中にあった。

入札方式ではあったが、自身の最後のプロジェクトのつもりで強気に入札に参加した。結果は2番手より１０００万円高い落札だった。

入札に参加するまでには入念にプランを練り、10階建てのマンション計画を立てていた。

建築費は、５社のゼネコンから相見積りを取っていたが、一番高い金額と低い金額では、なんと1億円もの差があった。同じ県内であり、しかも同等クラスのゼネコンで積算した金額が一方は2億円、もう一方は3億円で、1・5倍も違っていたのだ。建築資材の調達と建築技術者の確保がうまくできない建築会社は、見積額が高くなるようだ。

この頃、東京都内では、公共工事の予算が大きく変わり、「工事の見送り」というケースも出ていた。「民間の建設工事でも、計画変更や取りやめになる案件が増えてきている」とゼネコンの経営者が言っていた。

桜木は、これまで特命で発注していたゼネコンに頼むことに決め、建築資材や人件費高騰が続いていることも考慮し、それまでの3割増しの建築費で発注することにした。

銀行の融資担当者は、当初の事業計画より膨れ上がった金額に対して何も言わずに増額融資を了承してくれた。「桜木社長を信用します」と言って、本部とかけ合ってくれたようだ。

この事業は、土地仕入れの話が持ち込まれてから建物完成まで1年半を要したものとなり、完成したのは２０１４年の秋だった。

この物件には、建築期間中に大手の賃貸管理会社が複数、名乗りを上げてきた。各社同じような管理条件であり、設定賃料は、桜木が想定していた額よりも高い位だった。桜木は、自分で設定した想定賃料に自信を持って利回りを計算し、土地を持ち込んできた仲介会社に完成前から販売依頼をした。

仲介会社は、新聞広告など、色々な広告媒体を使って両手数料を狙っていたが、県内に数人の申込者は現れたが、「ローン付がうまくいかない」ということだった。しかし、３か月の専任期間が過ぎた頃、他県の相続案件として話がまとまり、完成２カ月前に４億円で契約することになった。引き渡しは、「完成と同時でいい」とのことだったので、未入居の状態で無事引き渡しを終えた。

桜木は決済後の帰り道、自分が描いたハッピーリタイアに近づいてきていることを実感して、安堵の表情を浮かべた。長年の業務で心身共に疲労が溜まり、これまで冗談のつもりで口にしていた「引退」の２文字が、かなり現実味を帯びてきた。

引き渡し後は、購入者が指定した大手の賃貸管理会社に任せることになった。この会社の話では、「2カ月もあれば満室にする」と、自信満々に買主にプレゼンをしていたようだ。しかし、入居者募集を始めてみると2カ月どころか6カ月も時間を費やし、翌年の3月後半までかかった。桜木は、賃貸市場が「供給過剰」であることの現状を見る思いだった。

これ以降、「この先、今までのような事業計画を立てることは危険すぎる」と感じ、これまで以上にシビアな目で事業計画を練ることにしたのだが、商品化できる案件は中々出てこない。

土地価格は高くなる一方で、建築費も高止まりしている。また、賃料は新築でも下がり続けている。この悪条件揃い踏みの状況では、桜木の納得できる商品開発、販売は到底望めない。

中古物件のほうも、市場を見渡してみても触手の動く物件が全く見当たらない。

「いったん、業界から足を洗うか」

桜木の脳裏には、当初の「護送船団方式」による法人継続をあきらめて、身軽なハッピーリタイアが強く浮かんできた。

このとき桜木は、すでに63歳になっていた。収益不動産を扱って10年が過ぎ、その間、常に10億以上の借金を抱えてきて、世の中の変化の速さに対応することに疲れきっていた。同年代の友人たちの中には定年退職を迎え、のんびりと生活をしている者も増えてきている。

そして、自分の気持ちに区切りをつけるため、会社を清算し引退する決心をした。

桜木からの突然の話に取引先や各金融機関は驚き、その理由を聞きたがっていたが、桜木は、「見切り千両」と自分を納得させるように何度も呟いた。

腹を決めた桜木の行動は極めて明解であった。すべての資産を換金し、金融機関への借金を返済することにした。一文無しで立ち上げたときと同じように、資産も借金もない状態にしたかったのだ。

決断から3カ月後には、残った現金を退職金として受け取り、不動産業、建設業の廃業手続を終え、桜木は念願の自由な身となった。そして、来る「東京発のバブル崩壊」を眺める準備を整え、外野席から「高見の見物」を決め込むことにした。

第六章

不動産投資で得た教訓

不動産投資で得た教訓 その1

「中古物件」

最も重要なのは、「中古物件は、購入したときから売却するタイミングを意識せよ」ということだ。

その物件を最後まで保有すると決めている人は別にして、インカムゲインとキャピタルゲインを狙っている人ならば、不労所得に酔っていると、あとで泣きを見ることになる。5年を境に所得税率が半分になることを気にしすぎて、売りのタイミングを逃し、キャピタルロスになっては意味がない。税金は、利益にしか、かからないからだ。

中古物件を選ぶには、**立地**、**築年数**、**建物の構造及び種類**の3要素の分析に気を配らなくてはいけない。

中でも「立地」は最重要である。購入を検討している場所（地域）の将来を想像してみて欲しい。今日の不動産市場は、需要に対して過剰な供給が長らく続いている。安心してチャレンジできる地域は限られてきているのだ。

そして今なお、新築の供給スピードは下がることなく、この10年間で約100万戸の空き家が増加しているのが現実である。益々、空室は増え続けることだろう。

このような状況の中で投資家になった（なろうとしている）あなたは冒険家だ。バランスが狂っている市場を相手に、投資によって無事に目的を達成しなくてはならない。

よく、「2020年の東京オリンピック開催までは大丈夫だ！」と公言している人を見かけるが、これには気をつけて欲しい。現在は、世界情勢の小さな変化にも影響を受けて、日本の経済状況が大きく変動する時代だ。暴落が始まってからでは手遅れになりかねない。

近くの工場や大型施設の従業員、学校の生徒などを当てにした共同住宅を購入したけれど、撤退や移転などの結果、「空室だらけになってしまった」という話を耳にしたことはないだろうか？

投資はスリルを味わうためにするものではない。

もしも不動産価格の乱気流に飲み込まれてしまっても、けがが小さくてすむのが立地のよい物件だ。この条件だけは、決して妥協しないでいただきたい。

次に、「築年数」の問題を考えてみよう。知ってのとおり、構造によって建物の耐用年数は異なるが、実は、設備の耐用年数はあまり変わらない。

木造建築の場合、躯体と同時期に設備のメンテナンスに費用がかかってくることは想像しやすい。一方、鉄骨、RC造りの建物の場合、躯体はあまり傷んでいなくとも、設備や内部造作は木造と同じ早さで老朽化している。これらは、外観からでは判断しにくいものなので、あらかじめ想定しておかなければならない。分譲マンションの修繕積立金を参考にして、月々の収入から将来の修繕費を積み立てておくべきであろう。

以前、都内にある築60数年という建物を訪問したことがあるが、修繕したとしても、貸し出すことに限界を感じた。この物件も定期的なメンテナンスを行っていれば、まだまだ、働いてくれたかもしれない。

さらに、メンテナンスの必要性について、記憶に留めておいて欲しいことがある。それは、出口戦略の1つで、「売却する前に費用をかけて、少しでも見栄えのよい状態にしておく」ということだ。それによって、売却価格は大きく変わるはずだ。

最後は、「建物の構造及び種類」だ。これは立地によって大きく変わってくる。たとえば都心部であれば、マンションの居室を事務所に変更して使用している建物や、逆に事務所を居住用に変更している建物がたくさんあるが、同じことを地方都市でやろうと思っても難しい。なにせ、地方では空室がとても多く、誰もが思い浮かべるような活用方法では対処できない。

ぜひ、物件所在地の5年先、10年先の将来像を分析してから購入の判断をして欲しい。多くの地方では、建てる以上のスピードで取り壊しが行われないかぎり、需要と供給のバランスがよくなることはない。今後、数十年は供給過剰の状況が続くと考えて欲しい。

日本の社会と同様に、勝ち組と負け組が不動産投資物件にも現れてきている。用途変更をしたとしても稼働率が上がりそうな要素がない、イメージできないような物件には手出し無用だ。

中古物件購入を考える人には、建築や不動産に詳しいコンサルタント的な人とのつながりが必要になる。トラブルが起こったときに対応しやすいからだ。

今、不動産会社から勧められるままに「購入しよう」と考えている人は、一度立ち止まって冷静になって考えて欲しい。そして、物件の5年先、10年先を想像してみて欲しい。投資に挑戦できる物件は、決して多くはない。「不動産に掘り出し物はない」と考えたほうがよいのだから。

不動産投資で得た教訓　その2

「新築物件」

すでに借入金のない土地の所有者や、相続税対策の目的で新築建物を建てるような人の場合は、少し事情が変わってくる。注意しなければならないのは、土地の借入負担がない分、安易な計画になりがちなこと。大手ハウスメーカーなどが話を持ちかけてくることが多いと思うが、慎重に見極めて欲しい。

多くの場合、金融機関の融資も簡単に付くだろう。また、「全室借り上げて賃料を保証する」といった話もあるかもしれない。これらは、机上の計算では素晴らしい計画に見えるだろう。

しかし、長期で多額の借金を背負うのはあなた自身だ。もし、計画通りにいかなかったとしても、誰も借金の肩代わりをしてはくれない。目安としては、「最低でも10年で投資金額を回収できるかどうか」を判断の基準にして欲しい。

新築1棟売り物件の購入を検討している人は、立地のよさは当然だが、今後の社会情勢を想像して、時代に適応できる間取りなのか、用途なのかをよく見極めよう。不動産業者が販売している物件は、間取りがワンルームか1Kのものばかりだ。ファミリータイプでは利回りが小さくなるため、1つでも多く戸数を取ろうとしているのだ。

しかし、住宅としての供給量が最も多く、今後、稼働率の低下や家賃競争になってくるのがこのタイプだ。

また、1人暮らし用であれば、居住面積は30平米近くは欲しい。バブル当時に建てられた20平米以下の物件は、今現在、無残な低賃料になっている。時代に取り残され、いくら頑張っても空室が埋まらない建物は、取り壊すしかない。借金が残っていたとしたら、悲惨な投資となってしまうのだ。

不動産投資で得た教訓 その3

「200の方程式」

ここで挙げる『200』は、不動産投資を借入資金で行う場合に当てはめて欲しい数値だ。計算の仕方はとても簡単だ。これが、「200以上」の数字にならない物件を所有するとキャッシュフローに余裕がなくなり、入居状況の変動やリフォームなどの費用により、返済に窮する可能性が高くなるのだ。

たとえば、表面利回りを12パーセント、借入金利を2パーセント、借入年数を20年としてみよう。計算してみると、ちょうど「200」となる。これを、自分が検討している物件に当てはめてみて欲しい。もし、「200以上」にならない場合は、所有している期間中に金利の上昇や利回りの低下があれば、手持ちの資金から充当する必要に迫られることも考えられる。

手持ち資金が少なくて、さらに「200」を割るような物件を購入する場合は、出口戦略がとりやすい、つまり、売却しやすい「立地がよく資産価値のある物件」にして欲しい。

「保有できなくなって、金融機関から追い込まれるように手放して、借金だけが残った」。こんな話はとても多い。私はこれまで、このような物件を商売にしてきた。「200」より多ければ多いほど安心だと言えるのだ。

不動産投資を借入金だけで行う場合の目安

（借入金に対する表面利回り―借入金利）

×

借入年数＝200 以上

マンション・アパートも空き家が急増

日本の空き家は急増しているが、820万戸（24ページ）の内訳をみると「賃貸用の住宅」が429万戸で空き家全体の52・4％を占める。

また、5年前からの増加を「建て方別」にみると、一戸建が49・6万戸（79・0％）と大半を占めるが、長屋建が3・9万戸（6・2％）、共同住宅が8・9万戸（14・2％）と、増加が激しいことがわかる。今後の不動産投資を占う指針かもしれない。

建て方別空き家数（全国）

（万戸）

	総数	一戸建	長屋建	共同住宅	その他
平成 20	756.8	250.4	416	462.3	2.6
平成 25	819.6	299.9	455	471.2	3.0
増加数	62.8	49.6 （79.0%）	3.9 （6.2%）	8.9 （14.2%）	0.4 （0.6%）

注：（　）は増加した空き家数に占める割合

総務省統計局「平成25年度　住宅・土地統計調査」より

不動産投資セミナーでは教えない・
ほかの本では書けない

投資家への
「警鐘と助言」

投資に「けがは付きもの」、なんていうことは決してない。不動産投資の金額は、一般の人にとって年収の何倍にもなり、それによって人生が左右される場合も多々ある。私自身も長年、大きなプレッシャーを味わってきた。

ある20代の投資家がいた。彼は不動産投資にチャレンジし、ある物件を手に入れた。金融機関は、不動産価値や建物の耐用残年数だけで判断し、簡単に融資した。

ところが、立地や周辺状況の調査・分析を怠ったため、「入居者が決まらず、稼働率が上がらない」という状況が続いてしまった。返済計画も甘かったのだろう。支払いが滞り、それこそ、「あっという間に」破綻してしまった。

これは、「資産」のつもりが「負産」として約2億円の借金を負うという地獄に突き落とされた事例である。もちろん、私が携わった案件ではない。

一般的に仲介会社は、売ろうとして必死のセールストークを繰り広げる。片や融資する金融機関も、書面で内部審査が通ればいい。ある意味、「いい加減」なのである。

しかし、莫大な借金をするのは自分だ。失敗したとしても、将来にわたって責任を負わなければならないのだ。

現在の日本では、不動産投資は「ミドルリスク&ローリターン」と言える。また、条件によっては「長期的な投資」でもない。不動産セミナーなどで教える「バラ色の老後」は、簡単には手に入らないのだ。だからこそ、投資をスタートする前の人は、本当に気をつけて欲しい。また、すでに投資して、「こんなはずではなかった」という状況の人は、正しい出口戦略で、難題を切り抜けなければならない。

ここからは、私がこれまでの経験の中から得た、投資家への「警鐘と助言」を紹介していこう。ここまでにも述べてきたことだが、あえて繰り返すことで、頭の中に叩き込んで欲しい。

不動産投資家が守るべき「鉄則」

不動産投資は、簡単な不労所得などではない。むしろ安易に着手する（している）と危険が多い。そこで、必ず守って欲しい「鉄則」を紹介しよう。

鉄則1

中古不動産投資は、買ったときから売却を考えろ!!

中古物件には、「建物の耐用残年数」がある。これにより、長期融資を受けづらいなどの制約がある。すると、キャッシュフローは出づらくなり、しかも、物件によってはさまざまな問題が発生する。不動産価値は、年々低くなり、最後には大損することも考えられる。買ったときから、「**いつ売るか**」「**できるだけ高値で売る**」ことを考えておかなければならない。

鉄則2

さまざまなリスクに対応できる資金を用意しておけ!!

物件を取得し、賃料収入を得始めた（得ている）としても、部屋や設備の修繕費用などは、必ずかかってくる。これに対する備えをしておかなければ、あとで痛い目に遭うことは間違いない。

鉄則3

不動産投資は、10年後の日本の不動産状況を想像できない人間はやらないほうがいい

先を見通すことはとても重要だ。もしかしたら10年後には、自分の物件の周囲から人がいなくなっているかもしれない。とくに地方の場合は、その傾向が顕著だ。また、経済動向だって、どの方向に行くかは読みづらい。そんな状況の中で、長いスパンで不動産投資を考えるのは危険でしかない。**自己資金のない者は、投資してはいけない時代なのだ。**

鉄則４

『200』の数値を守れ！

144ページで紹介した、『200』の数値は必ず守って欲しい。これをクリアしていなければ、「もしも」のときに対応しきれないだけでなく、破綻に追い込まれる可能性だってある。この数値は、私が長年の経験から算出した「絶対数値」だ。『(表面利回り－借入金利）×借入年数』という、実に簡単な式で計算できるので、ぜひ、参考にして欲しい。

例1）　表面利回り：8%　借入金利：2%　返済年数：25 年

（8% － 2%）× 25 年 =150

例2）　表面利回り：10%　借入金利：2%　返済年数：25 年

（10% － 2%）× 25 年 =200

つまり、金利が 2% の場合、利回りが 10% 以上でないといけないことになる。しかし、このケースでも、金利が上昇したら、次のようになってしまう。

例3）　表面利回り：10%　借入金利：3%　返済期間：25 年

（10% － 3%）× 25 年 =175

これを「200」にするためには、別途費用を入れ、利回りを「11%」に上げる必要がある。

例４）　表面利回り：11%　借入金利：3%　返済期間：25 年

（11% － 3%）× 25 年 =200

このとき、借入金が「１億円」だとすれば、表面利回りを「11%」に上げるために、別途 1,000 万円が必要になることがわかる。

５つの「もしも……」になったら

①金利が上昇したら

②稼働率が一時的にでも下がったら

③周辺賃料が１万円下がったら

④不良入居者が入ったら

⑤事件・事故があったら

↓

あなたは自力で対応できますか？

この5つの「もしも」は、不動産経営において**最も重要**と言えるものだ。特に①〜③については、不動産会社も金融機関も教えてはくれない。また、不動産投資セミナーに参加しても教わるのは、せいぜい④、⑤ぐらいだろう。それは①〜③が「予測がつかない」項目だからだ。ただし、これをわかっていて、あえて伏せるような悪徳業者もいる。だからこそ、自分で考えておかなければならない「もしも」なのだ。ここでは①〜③について計算をしながら説明しよう。

①もしも金利が上昇したら

条件A　借入金：1億円　返済年数：25年の場合

表1

借入金利	毎月の返済額	2%の場合との差額
2%	423,854	
3%	474,211	50,357
4%	527,837	103,983

「2%」で借り入れたとすると毎月の返済は「423,854円」となるが、返済は25年と長期だ。その間に経済は動くし、インフレの発生も予想できる。そうなると、金利が上昇する可能性は「大」だ。たとえば、「3%」となれば、毎月の返済は「50,357円」増えることになる。これを年額にすれば「604,284円」となり、退去後の設備交換や修繕費用などが賄える金額だ。もちろん「それ以上」の上昇になった場合は目も当てられない。わずか「1%」でも大きな差となってはねかえってくるのだ。

条件B 年収：800万円　稼働率：90%

表2

借入金利	毎月の収入	毎月の返済額	残額
2%	599,999	423,854	176,145
3%		474,211	125,788
4%		527,837	72,162

条件Aに、収入面からシミュレーションするために、条件Bを加えてみよう。年収「800万円」を月額にすると「666.666円」であり、稼働率を考慮すると、月の収入は、「599,999円」となる。この場合、金利が4%に上昇すると、月に「72,162円」しか手元に残らないことになる。これでは、修繕費用を賄うことも難しくなる。むしろ、持ち出しが増えることだろう。

条件C 表面利回り：8%⇒10%

さらに、表面利回りを条件に加えて、『200』の計算式に当てはめてみよう。（8%−2%）×25年=150
この場合、経営が難しいと言わざるを得ない。そこで、借入金を「1億円」ではなく、内金を「2,000万円」入れたとしてみよう。すると、借入金は、「8,000万円」となり、年収「800万円」から計算される表面利回りは「10%」となる。
（10%−2%）×25年=200
さらに毎月の返済額も減るので、計算上は、表3のような結果だ。

表3

借入金利	毎月の収入	毎月の返済額	残額
2%	599,999	339,083	260,916
3%		379,369	220,630
4%		422,269	177,730

②もしも稼働率が一時的にでも下がったら

条件D 可動率 90% ⇒ 80%

表4

借入金利	毎月の収入	毎月の返済額	残額
2%	533,333	423,854	109,479
3%		474,211	59,122
4%		527,837	5,496

物件取得時には必ず「稼働率」を想定するだろう。これは厳しく見なければいけない。表2は、これを「90%」で計算したが、仮に「80%」となった場合の計算が表4だ。ご覧の通り、2%金利だとしても安定経営にはほど遠い。業者の甘いシミュレーションには、決してごまかされてはいけない。

③もしも周辺賃料が1万円下がったら

本文でも述べたが、周囲に物件が増えて値下げ競争になるなど、賃料が下がってしまうことがある。仮に賃料66,666円のワンルーム10戸の物件だった場合、月の収入は、単純計算で「10万円」減ることになる。稼働率「90%」を想定していても「9万円」だ。表2の「月収入」から「9万円」を引いて計算すると表5となる。もはや言うべき助言もない。

表5

借入金利	毎月の収入(稼働率90%)	残額
2%	509,999	86,145
3%		35,788
4%		-17,838

あとがき

建物付き不動産投資は、人生と似たようなところがあります。人の一生に寿命があるように、構造や手入れによって多少異なるとは思いますが、建物にも、おおよそ30年から60年という寿命があるのです。

人間のからだは、20歳をピークに少しずつ年老いてきてメンテナンスが必要になります。そのまま放置すれば傷みも早くなり、病気を悪化させ、ひどければ病院通いになってしまいます。そして最後には、働けなくなってしまうことも考えられます。

建物も同じです。雨風、雪、地震など、長年にわたって過酷な状況に晒されているのです。いくら耐震設計でも経年劣化には勝てません。ですから、1年でも長く活用するには、日頃からメンテナンスに気を配り、常に「健康な状態」にしておくことを心掛けなければなりません。

そして、人間と同様に元気で長く働いてもらい、投資家の人生を豊かにしてもらいたいものです。

私は、長年の経験から、今の時代の不動産投資は、「長期的投資」よりも「中期的な投資」として捉えたほうがよいと考えています。人口減少や東京への一極集中、産業の空洞化などの多様な要因によって発生した空き家問題、グローバル化によって国外からの影響を受けやすくなった経済問題など、過去とは大きく変わってしまったために、「先が読みづらい」「予測ができない」時代になっています。ですから、投資の考え方も、その時代に合った取り組みをしなければならないのです。不動産を長期的に保有するのはとても危険です。一生つき合うのは、家族と友人だけでよいと思っています。

本書をお読みいただいた方の中には、「不動産投資のベテラン」や「始めたばかりのルーキー」、また、「これから始めようとしているアマチュア」など、さまざまなキャリアの方がいらっしゃると思います。

どのような方であっても、不動産投資によって人生を振り回されることなく、よりよい成果を得られることを願っています。

不動産投資は、決して不労所得などではなく、神経を擦り減らす頭脳労働のはずです。

業者が持ち込んでくる目先の甘い「机上の計算」に、決して惑わされることなく、世の中から得られる「確かな情報」をもとに、自分自身の「目」を養って、本当に投資に値する物件かどうかを慎重に見極めてください。そして、ぜひ、そのおもしろさを味わっていただきたいと願うばかりです。

桜木道順（さくらぎ どうじゅん）
1952年　愛媛県生まれ

1972年関西の不動産会社に就職。その後、いったんは業界を離れるが、バブル期に不動産会社に就職。営業、企画などを経験する。その後、ハウスメーカー、地元のゼネコンなど複数社を渡り歩き、実務経験を積み上げる。

1993年、東京の近県で起業。2005年からは収益不動産の運営・売買を積極的に展開し、2014年までに39棟を手掛ける。

現在は会社経営を退き、不動産パーソナルアドバイザーとして活動中。近々、投資クラブを主宰する予定。

実録！ 不動産投資

2016年6月5日 初版 第1刷発行
著　者　桜木道順
企画／編集　株式会社ハップ
発行所　ブイツーソリューション
〒466-0848 名古屋市昭和区長戸町4-40
電話 052-799-7391 FAX 052-799-7984
発売元　星雲社
〒112-0012　東京都文京区大塚3-21-10
電話 03-3947-1021　FAX 03-3947-1617
印刷所　創栄図書印刷株式会社

ISBN 978−4−434−22032−6　C2034